データサイエンス入門｜Introduction to Data Science

吉岡真治／村井哲也 著
Masaharu Yoshioka　Tetsuya Murai

水田正弘 編
Masahiro Mizuta

データサイエンスの ためのデータベース

Database for Data Science

JN047391

講談社

シリーズ刊行によせて

人類発展の歴史は一様ではない．長い人類の営みの中で，あるとき急激な変化が始まり，やがてそれまでは想像できなかったような新しい世界が拓ける．我々は今まさにそのような歴史の転換期に直面している．言うまでもなく，この転換の原動力は情報通信技術および計測技術の飛躍的発展と高機能センサーのコモディティ化によって出現したビッグデータである．自動運転，画像認識，医療診断，コンピュータゲームなどデータの活用が社会常識を大きく変えつつある例は枚挙に暇がない．

データから知識を獲得する方法としての統計学，データサイエンスや AI は，生命が長い進化の過程で獲得した情報処理の方式をサイバー世界において実現しつつあるとも考えられる．AI がすぐに人間の知能を超えるとはいえないにしても，生命や人類が個々に学習した知識を他者に移転する方法が極めて限定されているのに対して，サイバー世界の知識や情報処理方式は容易く移転・共有できる点に大きな可能性が見いだされる．

これからの新しい世界において経済発展を支えるのは，土地，資本，労働に替わってビッグデータからの知識創出と考えられている．そのため，理論科学，実験科学，計算科学に加えデータサイエンスが第 4 の科学的方法論として重要になっている．今後は文系の社会人にとってもデータサイエンスの素養は不可欠となる．また，今後すべての研究者はデータサイエンティストにならなければならないと言われるように，学術研究に携わるすべての研究者にとってもデータサイエンスは必要なツールになると思われる．

このような変化を逸早く認識した欧米では 2005 年ごろから統計教育の強化が始まり，さらに 2013 年ごろからはデータサイエンスの教育プログラムが急速に立ち上がり，その動きは近年では近隣アジア諸国にまで及んでいる．このような世界的潮流の中で，遅ればせながら我が国においても，データ駆動型の社会実現の鍵として数理・データサイエンス教育強化の取り組みが急速に進められている．その一環として 2017 年度には国立大学 6 校が数理・データサイエンス教育強化拠点として採択され，各大学における全学データサイエンス教育の実施に向けた取組みを開始するとともに，コンソーシアムを形成して全国普及に向けた活動を行ってきた．コンソーシアムでは標準カリキュラム，教材，教育用データベースに関する 3 分科会を設置し全国普及に向けた活動を行ってきたが，2019 年度にはさらに 20 大学が協力校として採択され，全国全大学への普及の加速が図られている．

本シリーズはこのコンソーシアム活動の成果の一つといえるもので，データサイエンスの基本的スキルを考慮しながら 6 拠点校の協力の下で企画・編集されたものである．第 1 期として出版される 3 冊は，データサイエンスの基盤ともいえる数学，統計，最適化に関するものであるが，データサイエンスの基礎としての教科書は従来の各分野における教科書と同じでよいわけではない．このため，今回出版される 3 冊はデータサイエンスの教育の場や実践の場で利用されることを強く意識して，動機付け，題材選び，説明の仕方，例題選びが工夫されており，従来の教科書とは異なりデータサイエンス向けの入門書となっている．

今後，来年春までに全 10 冊のシリーズが刊行される予定であるが，これらがよき入門書となって，我が国のデータサイエンス力が飛躍的に向上することを願っている．

2019 年 7 月

北川源四郎
（東京大学特任教授，元統計数理研究所所長）

昨今，人工知能 (AI) の技術がビジネスや科学研究など，社会のさまざまな場面で用いられるようになってきました．インターネット，センサーなどを通して収集されるデータ量は増加の一途をたどっており，データから有用な知見を引き出すデータサイエンスに関する知見は，今後，ますます重要になっていくと考えられます．本シリーズは，そのようなデータサイエンスの基礎を学べる教科書シリーズです．

2019 年 3 月に発表された経済産業省の IT 人材需給に関する調査では，AI やビッグデータ，IoT 等，第 4 次産業革命に対応した新しいビジネスの担い手として，付加価値の創出や革新的な効率化等などにより生産性向上等に寄与できる先端 IT 人材が，2030 年には 55 万人不足すると報告されています．この不足を埋めるためには，国を挙げて先端 IT 人材の育成を迅速に進める必要があり，本シリーズはまさにこの目的に合致しています．

本シリーズが，初学者にとって信頼できる案内人となることを期待します．

2019 年 7 月

杉山　将

（理化学研究所革新知能統合研究センターセンター長，東京大学教授）

巻　頭　言

　情報通信技術や計測技術の急激な発展により，データが溢れるように遍在するビッグデータの時代となりました．人々はスマートフォンにより常時ネットワークに接続し，地図情報や交通機関の情報などの必要な情報を瞬時に受け取ることができるようになりました．同時に人々の行動の履歴がネットワーク上に記録されています．このように人々の行動のデータが直接得られるようになったことから，さまざまな新しいサービスが生まれています．携帯電話の通信方式も現状の 4G からその 100 倍以上高速とされる 5G へと数年内に進化することが確実視されており，データの時代は更に進んでいきます．このような中で，データを処理・分析し，データから有益な情報をとりだす方法論であるデータサイエンスの重要性が広く認識されるようになりました．

　しかしながら，アメリカや中国と比較して，日本ではデータサイエンスを担う人材であるデータサイエンティストの育成が非常に遅れています．アマゾンやグーグルなどのアメリカのインターネット企業の存在感は非常に大きく，またアリババやテンセントなどの中国の企業も急速に成長をとげています．これらの企業はデータ分析を事業の核としており，多くのデータサイエンティストを採用しています．これらの巨大企業に限らず，社会のあらゆる場面でデータが得られるようになったことから，データサイエンスの知識はほとんどの分野で必要とされています．データサイエンス分野の遅れを取り戻すべく，日本でも文系・理系を問わず多くの学生がデータサイエンスを学ぶことが望まれます．文部科学省も「数理及びデータサイエンスに係る教育強化拠点」6 大学（北海道大学，東京大学，滋賀大学，京都大学，大阪大学，九州大学）を選定し，拠点校は「数理・データサイエンス教育強化拠点コンソーシアム」を設立して，全国の大学に向けたデータサイエンス教育の指針や教育コンテンツの作成をおこなっています．本シリーズは，コンソーシアムのカリキュラム分科会が作成したデータサイエンスに関するスキルセットに準拠した標準的な教科書シリーズを目指して編集されました．またコンソーシアムの教材分科会委員の先生方には各巻の原稿を読んでいただき，貴重なコメントをいただきました．

　データサイエンスは，従来からの統計学とデータサイエンスに必要な情報学の二つの分野を基礎としますが，データサイエンスの教育のためには，データという共通点からこれらの二つの分野を融合的に扱うことが必要です．この点で本シリーズは，これまでの統計学やコンピュータ科学の個々の教科書とは性格を異にしており，ビッグデータの時代にふさわしい内容を提供します．本シリーズが全国の大学で活用されることを期待いたします．

2019 年 4 月

編集委員長　竹村彰通

（滋賀大学データサイエンス学部学部長，教授）

まえがき

　世の中にあふれる大量のデータから有益な情報を取り出すデータサイエンスの実践において，データベースは，分析対象となるデータを保存するだけでなく，興味のあるデータの検索，統計的な分析の基礎となる数値情報の生成といった基本的なデータ処理を行うために不可欠なものである．

　本書は，データベースをデータサイエンスを実践する目的で利用するユーザを想定したテキストとして執筆したため，一般的なデータベースのテキストとそのカバーする内容が少し異なっている．具体的には，通常のテキストで触れられているデータベースシステムの構築，効率的運用などに関する内容のかわりに，主に関係データベースを使ってデータを分析するための基本的な方法や実践的な分析事例の紹介を行っている．このような実践的な分析事例を通して，データサイエンスにおけるデータベースの活用方法について理解が深まることを期待するものである．

　本書を作成するにあたり，著者をお誘いくださいました北海道大学情報基盤センターの水田正弘先生に感謝いたします．また，原稿を丁寧に読んでいただき，有益なコメントをいただきました南弘征先生，遠藤俊徳先生に感謝いたします．原稿作成全般について，温かい励ましとともに，執筆のペースメーカーにもなっていただいた講談社サイエンティフィクの瀬戸晶子さん，横山真吾さんに感謝いたします．

2020 年 1 月

吉岡真治・村井哲也

目　次

第6章　実践的データ分析事例　121

第 1 章

はじめに

　本章では，データサイエンスにおける基盤技術であるデータベースについて，その概要を説明する．特に，標準的な技術である関係データベースが生まれた背景を説明するとともに，近年のビッグデータを扱うための拡張として生まれたさまざまなデータベース (NoSQL) について説明する．

➤ 1.1 データサイエンスのためのデータベース

　データベースとは，もともとある目的を持って集められたデータを意味するが，近年では，計算機上での利用を前提としたデータの集まりならびに管理するシステムの総称として用いられる．特に，後者のシステムを区別して呼ぶ場合には，**データベース管理システム** (DataBase Management System : DBMS) と呼ぶ．

　データを処理・分析し，データから有益な情報を取り出す方法論であるデータサイエンスにおいて，データベースは，その実践において不可欠な要素技術となる．この場合のデータベースとは，前者のデータの集まりという意味である．表計算ソフトで作成された表データも，DBMS で管理されるデータベースも，データサイエンスにおける分析対象としては，同じ役割を果たすことが期待される．

　しかし，実際に，大規模なデータを分析対象とするためには，特定の条件にあうデータのみを抽出したり，既存のデータの属性を用いて新しい属性を作成する前処理 (例えば，顧客のデータから各年代の顧客数や男女別の顧客数を作成) が必要である．また，この前処理を実現するためには，データを一定の形式で格納し，効率よく操作を行うことのできる DBMS の利用が不可欠である．

　本書では，データサイエンスを実践する目的でデータベースを利用するユーザを想定した DBMS の基礎について，具体的な応用事例を含めて説明する．そのため，データベースのインデックス構造やクエリ最適化などの DBMS の要素技術については，本書では取り扱わない．

　まず本章では，データベースの歴史を振り返ることで，関係データベースが生まれた背景や，**NoSQL** (Not only SQL) が必要となってきた背景について説明する．さらに，2 章において，さまざまな用途

で広く用いられている関係データベースの理論的背景をデータの関係モデルと関係代数に基づいて説明する．次に 3 章では，関係データベースに対する基本的な操作について SQL を用いて行う方法を説明するとともに，関係データベースでデータを分割して保存する理論的背景である正規化についても説明する．また，4 章では，これらの関係データベースを用いた分析を支援するための可視化の方法や，複雑なデータ分析を支援する **OLAP** (OnLine Analytical Processing) について説明する．さらに，5 章では，近年，関係データベースではうまく扱うことのできないデータを扱うために作られた NoSQL データベースについて説明する．最後の 6 章では，これらの技術を用いた実践的データ分析の事例について説明する．

4〜6 章で用いたプログラムの一部やデータベースへのリンクは本書のウェブページ (`https://www.kspub.co.jp/book/detail/5193105.html`) で公開しているので，必要に応じて利用していただきたい．

➤ 1.2 データベースの歴史

◗ 1.2.1 関係データベース

データベースという概念は，1960 年代に磁気テープなどのシーケンシャルアクセスの記憶装置からディスクやドラムといったランダムアクセス可能な記憶装置が使われるようになっていく過程で提案された概念であり，多くのデータを保存するとともに，人と計算機とのインタラクティブな操作で，必要なデータを効率的に扱う技術として提案された．

データベースの開発の初期段階においては，大型コンピュータ用に，階層型データベースやネットワーク型データベースとして分類される多様な DBMS が開発されたが，1970 年に IBM の E. F. Codd により，**関係データベース** (Relational DataBase: RDB) の概念が論文[1][2] として発表されると，その数学を背景とした理論的な概念が評価され，さまざまな研究者や企業がこの考え方に基づく**関係データベース管理システム** (RDBMS) の開発を始めることとなった．

実用的な関係データベースの始祖である IBM のシステム R は，1974 年ごろから開発が始められ，1976 年ごろから実用化されることとなった．このシステム R では，問い合わせ言語の開発も並行して行われ，1974 年には，英語のような文章を使ってデータベースに問い合わせを行う **SEQUEL** (Structured English QUEry Language) という言語が開発された．この言語は，改良されて SEQUEL2 となった．しかし，SEQUEL という名前が他社の登録商標であったため，**SQL** に変更された．また，1970 年代の後半になると，現在も商用の RDBMS で最大のシェアを有する企業である Oracle が起業され，さまざまな商用の関係データベースが作られるようになった．

このような背景により，問い合わせ言語についての標準化が議論されることになった．最初の標準

---

[1] Codd, E. F.(1970), A relational model of data for large shared data banks. *Communications of the ACM*, 13(6), 377–387.
[2] この時代は，database という言葉が確立されていなかったため，data bank という名前が利用されている．

化は，1986 年に ANSI(American National Standards Institute：アメリカ国家規格協会) が定めた SQL-86 である．この規格は，翌 1987 年には，ISO(International Organization for Standardization：国際標準化機構) により承認され，国際規格となった．ただし SQL-86 では，現在の RDBMS で利用される標準的なコマンドの一部しか定義されておらず，1989 年の SQL-89 への改訂を経て，1992 年に SQL-92(SQL2) で初めて，現在の多くの RDBMS で利用される標準的なコマンドの規格が定義されることとなった．しかし，標準 SQL 準拠とうたわれている RDBMS の多くでは，SQL-92 で定義されたすべての機能を実装しているわけではなく，3 つの機能セット (Entry, Intermediate, Full) のうち，Entry レベルのみに適合していることが多い．

　さらに，これらの標準は，プログラミング言語 Java や **XML**(eXtensible Markup Language) などの新しい規格への対応なども含む形で，SQL:1999(SQL3)，SQL:2003 などと改良が重ねられ，最新版は SQL:2016 となっている．また，日本においては，これらの規格を参照する形で，JIS X 3005-2 というデータベース言語 SQL に関する規格が制定されている．

　このような SQL の標準化の成功により，RDBMS は，多くの企業の業務系システムや商用サービスのデータベースとして利用されることとなった．また，1990 年代の後半からは，オープンソースの活動[*3] が活発になり，MySQL や PostgreSQL などの SQL 準拠の RDBMS が公開されるようになったことで，より利用しやすい環境になっている．

1.2.2　NoSQL

　RDBMS は，数学の集合論を理論的背景とする関係データモデルと，標準化された SQL による問い合わせに加え，さまざまなソフトウェア企業が開発するインデクシング手法[*4] などを用いた検索の高速化技法などの開発が行われることにより，広く利用されるようになってきた．しかし，RDBMS ではうまく扱うことのできないデータに対して，RDBMS とは異なる DBMS が提案されるようになった．

　1980 年代の中盤には，Smalltalk や C++などのオブジェクト指向型言語の隆盛を受ける形で，**オブジェクト DBMS**(Object DBMS：ODBMS) が利用されるようになってきた．これは，オブジェクト指向型言語で扱うオブジェクトをそのままデータとして扱えるため，これらの言語との相性がよいことや，CAD(Computer Aided Design) システムで扱うような複雑な部品に関するデータの取り扱いなどに優れることから，特定の分野では利用されたが，汎用的に RDBMS にとって代わるほどの DBMS とはならなかった．

　次に DBMS に新しい開発の波がやってきたのは，インターネット時代のデータを扱うための拡張であった．1 つの転機は 1990 年代中盤の XML(eXtensible Markup Language) の登場である．XML は，インターネット上で構造化データのやりとりを行うために考えられた規格であり，RDBMS があまり得意としない階層的なデータの定義などが簡単に行えるだけでなく，柔軟にデータ構造を変更

[*3] オープンソースとは，ソフトウェアをソースを含めて公開 (オープンに) することにより，さまざまなプログラマが協力して開発を進める活動であり，これらの活動で作成されたソフトウェアの多くは，基本的には無償で公開される．

[*4] インデックス (索引) とは，データへの高速なアクセスを支援するためのもので，例えば，電話帳の五十音やあ行，か行といった分類もインデックスの一種である．インデクシング手法とは，数値表現も含むさまざまなデータを分類しインデックスを作成するとともに，高速な検索に役立てる手法である．

できるといった利点があった．特に，RDBMS では，実行時間，メモリ利用の効率化などから，データベースの構造 (スキーマ) 定義を一度行うと，変更することが困難であったが，XML を対象とした DBMS(XML DBMS) では，柔軟なスキーマ変更が可能という特徴を持っている．また，必要に応じ，XML スキーマなどの関連規格を用いることにより，スキーマを考慮したデータの妥当性チェックなども行うことが可能である．また，XML に対する検索言語として，2001 年に XQuery が **W3C**(World Wide Web Consortium) の草案 (Working draft) として提案されることにより，操作についても標準化が図られている．ただ，検索速度などの性能面では，RDBMS に比較して十分でないといった問題があり，RDBMS に比べ，広く使われるという状況にはなっていない．

また，2000 年代になると，データベースで扱うデータの量が飛躍的に増加するようになった．このような傾向にともない，RDBMS の特徴である，join(一貫性を考慮して作成された複数の小さなテーブルを組み合わせて大きなテーブルを作る操作．詳細は 3 章) など，複数の関係を組み合わせてデータを処理する操作などの計算コストが増加し，大量のデータを効率よく扱うための新しい DBMS に関するニーズが高くなってきた．

これらの新しい DBMS は，従来の SQL をベースにした RDBMS とは異なる性格を持つことから，**NoSQL**(Not only SQL) と呼ばれるようになった．NoSQL は，名前の通り，SQL 以外を利用する (ただし，一部の DBMS は SQL も利用可能) という意味であるため，多くのバリエーションが存在する．この詳細については，その分類も含めて 5 章で述べる．

参考 1.1 データベース検索と情報検索

データベースから特定の条件に合致した情報を取り出す操作を**データベース検索**と呼ぶ．同じように検索という言葉を使う操作に，**情報検索**という操作がある．

インターネット上のサービスを例にとり，データベース検索と情報検索の違いについて考えてみたい．例えば，グルメ情報サイトで，最寄り駅，距離，時間帯，ジャンルなどを指定して，店を探すのはデータベース検索で，Web のサーチエンジンで，駅の名前やジャンルや店への希望などを文字で入力して検索するのは情報検索となる．

上記の 2 つの検索の違いをデータベースを基準に考えてみたい．前者のグルメ情報サイトにおいては，ユーザの問い合わせ項目とデータベースが保持するデータ項目 (属性という) が対応して整理されており，データベースへの条件式として表現される．結果として，これらの条件を満たすデータは，すべてユーザの要求を満たしていると考える．このとき，ユーザの要求に対する満足度というのは考慮されない．

一方，後者のサーチエンジンのためのデータベースは，Web コンテンツに含まれる語句を抜き出すことにより，どのコンテンツにどの語句が含まれるかを保存している．ユーザの問い合わせは語句により与えられるが，ユーザが指定した入力を含んでいるからといって，ユーザが欲しい情報であるとは限らない．これは，ユーザが欲しいと思っている情報 (情報要求) を表現するにあたり，語句の組合せだけでは，必ずしも十分な表現能力を持っているわけではないため，情報検索システムは，その情報要求を推定した答え (例えば，同じような検索をした人がどのような記事に満足したか) を考慮して出力する．

　ビッグデータ時代のデータ解析において，データベースを使った分析を行う場合には，両者が融合された作業が求められることになる．多くの場合，データを分析しようとする人が，検索式の作り方に明確な意図を持つことは少なく，他のデータベースの検索結果や，条件を満たすデータの属性の値の分布など，2 次的な情報などを参考に，有益な情報を得るための検索作業を行うことになる．

　本書では，データベース検索を中心に扱う．しかし，どのようにデータベースを利用して分析を行うかという観点で考える場合は，データベース検索の研究だけではなく，情報検索の研究などの成果にも目を向けると，新しいヒントが得られることがある．

➤ 第 1 章　練習問題

1.1　関係データベースが普及した理由について簡単に述べよ．

1.2　近年，関係データベースに加えて，NoSQL という関係データベース以外のデータベースが利用されるようになってきている．この背景について簡単に述べよ．

{ 第 2 章 }

関係データベースの基本

　本章では，関係データベースの基本として，まず，データの関係モデルを説明する．次いで，データベースにおかしなデータが紛れ込まないようにするための一貫性制約，最後に，データ検索の理論的基礎である関係代数を説明する．

　E.F.Codd が提案した**データの関係モデル** (relational model of data) は数学の集合論における「関係」(relation) の理論[*1] をデータベースへ応用したものである．「関係」という言葉は一般の文脈ではさまざまな意味で使用される．データベースの分野では，数学の意味での「関係」を，relation を音訳して**リレーション**と呼ぶことが多い．本書でもその習慣に従う．

　他の入門書などでは，関係データベースはデータを「テーブル (表)」で管理すると説明されていることが多い．しかし，関係モデルにおけるデータの表現は本質的にリレーションであって，テーブルは我々がリレーションを視覚的に確認するための表示法である．この点に十分注意したうえでなら，関係データベースではデータはテーブルとして格納されると考えてよい．

➤ 2.1 データの関係モデル

◐ 2.1.1 「関係」の概念とそれに基づくデータの表現

　まず，数学における「関係」の概念を例で説明する．関係が「直積の部分集合」として定義されることを理解することがここでの目標である．

例 2.1　　実数全体からなる集合を $\mathbb{R}$ で表す．関数 $f(x) = 2x$ は各実数に対して，2 倍の関係にある実数を対応させる．よって，2 つの実数の間の関係を表す．任意の実数 $x \in \mathbb{R}$ に対して，座標が $(x, 2x)$ である点の集合

$$r = \{(x, 2x) \mid x \in \mathbb{R}\}$$

[*1] 「関係」の理論は数学系の学科なら「集合と位相」などの授業で，情報系の学科なら「離散数学」や「情報数学」などの授業で学ぶことが多い．

は関数 f のグラフであり，xy 平面上に直線 $y = 2x$ として描かれる．点の集合と見れば，グラフは平面の一部，すなわち平面の部分集合である．xy 平面は点の座標の集合として直積集合（定義 2.1 参照）

$$\mathbb{R}^2 = \mathbb{R} \times \mathbb{R} = \{(x, y) \mid x \in \mathbb{R} \text{ かつ } y \in \mathbb{R}\}$$

である[*2]から，関数 f のグラフ r は直積集合 $\mathbb{R} \times \mathbb{R}$ の部分集合である．

$$r \subseteq \mathbb{R} \times \mathbb{R}$$

関係を表す関数 f とそのグラフ r は同一視されるので，関係は直積の部分集合であることが分かる．この関数 f は 2 つの実数間の関係を表しており，2 項関係 (binary relation) と呼ぶ．なお，点の座標のような数値の組をタプルという．

▶ 問題 2.1

2 次関数 $f(x) = x^2 + 1$ について，例 2.1 と同様に考察せよ．

別の例を示す．

例 2.2

xy 平面上で不等式 $x < y$ を考える．この不等式を満たす点の集合

$$r = \{(x, y) \mid (x < y) \text{ かつ } (x, y \in \mathbb{R})\}$$

は $x < y$ が表す領域であり，平面という直積集合の部分集合である．よって，r は実数の順序を表す 2 項関係である．

▶ 問題 2.2

不等式 $x \geq y$ について，例 2.2 と同様に考察せよ．

これまでの例では，平面 (2 次元空間) $\mathbb{R}^2$ を考えた．これは一般に，n 次元空間 $\mathbb{R}^n$ に拡張できる．4 次元空間 $\mathbb{R}^4$ の例を示す．

例 2.3

4 次元空間 $\mathbb{R}^4$ おける点の集合

$$r = \{(x, y, z, u) \mid (x^2 + y^2 + z^2 + u^2 < 1) \text{ かつ } (x, y, z, u \in \mathbb{R})\}$$

は $\mathbb{R}^4$ の部分集合であり，「原点を中心とし半径 1 とする超球面の内部にある」という 4 つの実数に関する 4 項関係である．

[*2] 式中の「$x \in \mathbb{R}$ かつ $y \in \mathbb{R}$」は「$x, y \in \mathbb{R}$」と略記されることが多い．

直積集合および関係の形式的定義をまとめておく.

定義 2.1 直積集合と関係

集合 $U_1, \ldots, U_n$ に対して[*3],これらの (この順で構成される) 直積集合は

$$U_1 \times \cdots \times U_n = \{(x_1, \ldots, x_n) \mid x_1 \in U_1, \ldots, x_n \in U_n\} \qquad (2.1)$$

である.直積集合の要素 $(x_1, \ldots, x_n)$ を **n-タプル** (n-tuple) あるいは単に**タプル**という.本書ではタプルを構成する $x_k \ (1 \leq k \leq n)$ を第 k 成分と呼ぶ.

次に,$U_1, \ldots, U_n$ における **n 項関係** (n-ary relation) とは,直積集合 $U_1 \times \cdots \times U_n$ の任意の部分集合 r である.

$$r \subseteq U_1 \times \cdots \times U_n \qquad (2.2)$$

▶ 2.1.2 データのリレーションによる表現

定義 2.1 において,直積集合を構成する集合 $U_k \ (1 \leq k \leq n)$ は数の集合でなくてもよい.これゆえ,関係の概念を必ずしも数値ばかりではないデータにも適用できる.

例 2.4 野球の「選手」に関するデータベースを作るとする.簡単のため,2 人の選手に注目し,a, b を「選手名」,p, q を「チーム名」として,「a は p に所属する」,「b は q に所属する」というデータを得たとする.

このデータが「野球選手とチームの間に成り立つ関係」を表すことに注意すれば,その関係モデルによる表現は,例 2.1 にならってタプルの形で,$(a, p), (b, q)$ と書くことができる.よって,これらの「選手」に関するデータは次のタプルの集合となる.

$$r = \{(a, p), (b, q)\}$$

これが関係モデルによるデータの表現である.

本例の設定で各成分が取り得る値の集合,すなわち第 1 成分の値である「選手名」の集合を $N = \{a, b\}$,第 2 成分の値である「チーム名」の集合を $T = \{p, q\}$ とするとき,N と T の直積集合は

$$N \times T = \{(x, y) \mid x \in N \text{ かつ } y \in T\} = \{(a, p), (a, q), (b, p), (b, q)\}$$

で与えられ,タプルの集合 r はこの直積集合 $N \times T$ の部分集合である.

[*3] ここで,$U_1, \ldots, U_n$ の中に同一の集合があってもよい.記号の添数はつけられた対象がすべて互いに異なることを意味しない.3 次元空間 $\mathbb{R} \times \mathbb{R} \times \mathbb{R}(= \mathbb{R}^3)$ のように,すべて同一の集合でもよい.

$$r \subseteq N \times T$$

すなわち,「選手」に関するデータを関係モデルで表現した r はリレーション (この場合は N, T における 2 項関係) である.

▶ 問題 2.3

例 2.4 で「選手名」「チーム名」に加えて,そのチームでの「在籍年数」を考えると,どのようなリレーションになるか考察せよ.ここで,可能な在籍年数の値の集合を例えば,$Y = \{1, 2, \ldots, 40\}$ とせよ.

● 2.1.3 リレーションのテーブルによる表示

データのリレーションは**テーブル** (table) の形でユーザに表示される.テーブルはリレーションの構造を視覚的に理解できるので,ユーザにとって大変分かりやすい.一方,テーブルはリレーションの 1 つの表示方法である.しかし,リレーションそれ自体ではない.よって,次の 2.1.4 節で説明するように,テーブルにはリレーションにはない性質もある.この点を十分注意したうえで,以下ではデータのリレーションによる表現とそのテーブルによる表示を同じものと見なす.

例 2.5 例 2.4 の「選手」に関するデータのリレーション

$$r = \{(a, p), (b, q)\}$$

は図 2.1 に示すステップを踏んでテーブルとして表示できる.

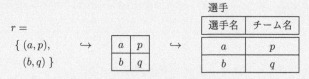

図 2.1 リレーションからテーブルへ

まず,リレーションに属するタプルを図 2.1 の左に示すように縦に重ねて,それぞれの値をセルに記入すると図 2.1 の中央に示す 2 行 2 列のデータが得られる.しかし,これだけでは各列が何に関するデータであるか分からない.各タプルの第 1 成分は「選手名」の値,第 2 成分は「チーム名」の値であった.

そこで,次に,これらの「選手名」「チーム名」を属性と呼び,テーブルの最上位に配置する.さらに,このテーブルが「選手」のデータであるから,テーブル名として「選手」を表記すると,図 2.1 の右に示すテーブルが得られる.

　テーブルの横の並びを**行** (row) という．最上位の行である属性の並びを除いて，行はリレーションのタプルに対応し，レコードとも呼ばれる．テーブルの縦の並びは**列** (column) という．各データが入力される四角の枠を例 2.5 ではセルと呼んだが，フィールドともいう．

　リレーション，すなわちタプルの集合それ自体には属性は明記されていないため，例 2.5 でテーブルによる表示を作るとき，最上部に各列に対応する属性を配置した．直積集合を構成する集合について，次例に示す記号の工夫によって，リレーションのレベルでも属性の存在を明確にできる．

例 2.6　例 2.4 では，「選手」のデータは関係モデルではリレーション $r = \{(a, p), (b, q)\}$ で表現されると書いた．しかし，このタプルの集合それだけを見ると，何のデータであるか判然としない．

　実際は，リレーション r に属する各タプルについて，その第 1 成分は属性「選手名」の取り得る値の集合 N から，第 2 成分は属性「チーム名」が取り得る値の集合 T から選ばれている．その属性の明示がないのである．

　そこで，属性が取り得る値の集合を，改めて $N = dom(選手名)$, $T = dom(チーム名)$ と書き直せば

$$r \subseteq dom(選手名) \times dom(チーム名)$$

となり，リレーション r がどのようなデータなのかがはっきりと分かる．

　関係データベースを構成するリレーションを作成するに際して，互いに異なる n 個の**属性** (attribute) $A_1, \ldots, A_n$ $(n \geq 1)$ に着目する場合を考える．

　まず，各属性 A_k $(1 \leq k \leq n)$ に付随する集合 $dom(A_k)$ を定める．これは属性が取り得る値の集合であり，属性 A_k の**ドメイン** (domain) という．データは各対象の属性 A_k に関する値 $x_k (\in dom(A_k))$ を成分とするタプル $(x_1, \ldots, x_n)$ として表現される．それらのタプルからなる有限集合は n 項リレーション r となる．

$$r \subseteq dom(A_1) \times \cdots \times dom(A_n) \tag{2.3}$$

これでリレーションのレベルでも属性が明示され，何のデータであるかがはっきりした．

　最後に，テーブルの各行をタプルとして参照するときの本書の記法を述べる．図 2.2 では左側のテーブルについて，その数学的実体であるリレーションをその右側に書いた．

学生

学生名	研究室名	学科名
太郎	知識情報学	知識科学
次郎	データ解析学	データ科学
三郎	データ解析学	データ科学

$r = \{t_1, t_2, t_3\}$
$t_1 = (太郎, 知識情報学, 知識科学)$
$t_2 = (次郎, データ解析学, データ科学)$
$t_3 = (三郎, データ解析学, データ科学)$

図 2.2　テーブル「学生」とその数学的実体であるリレーション

しかし，各行をタプルとして参照するとき，この書き方は多少煩雑なので，以降では図2.3のように略記する．

学生

学生名	研究室名	学科名	
太郎	知識情報学	知識科学	$= t_1$
次郎	データ解析学	データ科学	$= t_2$
三郎	データ解析学	データ科学	$= t_3$

図2.3　テーブル「学生」の数学的実体の略記

2.1.4　テーブルに関する注意

テーブルはデータのリレーションをユーザが見るための一種の装置である．データの実体はあくまでリレーションであり，リレーションは直積集合の部分集合であるから「集合」である．テーブル自体を関係モデルにおけるデータの実体と勘違いすると，誤解が生じる可能性がある．

集合という概念に関して注意すべき点は

　　　　各対象が集合の要素として属するか否かだけを扱い，要素の順番や回数は関知しない

ことである．リレーションはタプルを要素とする集合であるから，次のテーブル表示に関する性質が導かれる．

(1) 集合は各要素が現れる順番を関知しないことから，テーブルの行の並びは任意であり，自由に変更できる．

(2) 集合は1つの要素が現れる回数を関知しないことから，テーブルに同一の行が仮に存在しても，その重複に意味はない[*4]．

例2.7　例2.4のリレーション r には次の2通りのタプルの並べ方がある．

$$r = \{(a,p),(b,q)\} = \{(b,q),(a,p)\}$$

よって，図2.4に示すように，見かけが異なる2つのテーブルによる表示を得る．いずれも同一のリレーションを表示し，どちらを採用してもよい．

選手

選手名	チーム名
a	p
b	q

選手

選手名	チーム名
b	q
a	p

図2.4　同一のリレーションのテーブルによる異なる表示

[*4] SQLでは，3.1節で説明するようにタプルの重複は許される．実際のデータ処理ではタプルの重複に意味が生じる場合がある．これを基礎づけるのは集合ではなく，マルチ集合 (multiset) と呼ばれる概念である．マルチ集合については参考2.1(18〜19ページ)を参照のこと．

一般に，テーブルの行の並びには意味がなく，リレーションに含まれるタプルの数が n のとき，テーブルによる表示はタプルを並べる順列の数の $n!(= n \times (n-1) \times \cdots \times 2 \times 1)$ 通り存在する．したがって，テーブルでは，行の並び順に意味を持たせるような表示は避けるべきである．例えば，行の順番でデータの入力順を示すことはせず，入力日時などの属性を作って，管理すべきである．

次に，出現回数について関知しないことから，タプルは本質的にそれ 1 つである．よって，そもそも重複するという考えはない．よって，テーブルに万が一，行の重複があると，ユーザがその重複に意味があると勘違いする可能性がある．しかし，実体であるリレーションではそのような重複は議論の対象ですらない．以上から，テーブルにおける同一行の重複表示は禁止される．

例 2.8 行の重複には意味がないので，図 2.5 の左のテーブルによる表示は禁止される．右のように表示しなければならない．

選手名	チーム名
a	p
a	p
b	q

$\hookrightarrow$

選手

選手名	チーム名
a	p
b	q

図 2.5　テーブルにおけるタプル重複表示の禁止

以上の注意を踏まえたうえで，本書では今後「リレーション」と書くべきところを「テーブル」と書くことがある．

行の並びについて確認したので，列の並びについても補足する．列の並びは直積集合を構成する集合の順番に依存する．よって，列は行と違って，数学的には並びを変更できない．しかし，属性を互いに意味を識別できるよう命名すれば，列の順番を変えても誤解は生じないので，列の並びも任意であり，自由に変更できるとする立場もある．

例 2.9 例 2.5 のテーブル「選手」と列を入れ替えたテーブル「選手'」を図 2.6 に示す．

選手

選手名	チーム名
a	p
b	q

選手'

チーム名	選手名
p	a
q	b

図 2.6　列の入れ替え

図 2.6 を見ると確かに列を入れ替えても誤解は生じないと思われる．数学の立場では，テーブル「選手」「選手'」のリレーションをそれぞれ r, r' とするとき

$$r = \{(a,p),(b,q)\} \neq r' = \{(p,a),(q,b)\}$$

である．なぜなら，異なる成分の順序を入れ替えたタプルは互いに異なる[5] からであ

る．よって，図 2.6 の 2 つのテーブルは異なるリレーションで構成され，同一のテーブルではない．

数学的には，行を入れ替えてもリレーションは同一である．しかし，列を入れ替えると異なるリレーションになる．列の入れ替えを数学的に正当化するためには，直積集合を構成する集合を入れ替えたものを同一視して，リレーションの同値類を作ればよいが，やや煩雑である．それを Codd は relationship と呼んだが，この用語は現在はあまり使用されないようである．

2.1.5 関係スキーマ

リレーションをテーブルとして表示すると，テーブルがデータであるリレーションに加えて，その「枠」から構成されることが視覚的に分かる．

例 2.10 例 2.5 の「選手」に関するテーブルは図 2.7 に示すように 2 つに分けることができる．

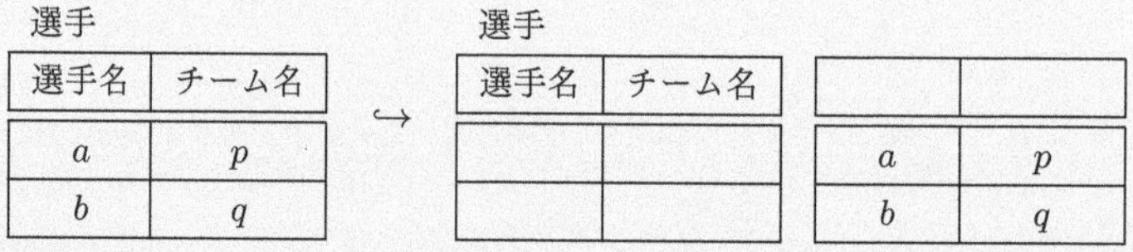

図 2.7 テーブルの枠とリレーション

右側はデータのリレーション $r = \{(a,p),(b,q)\}$ に対応し，左側はテーブルの枠を表す．属性の列[*6](選手名, チーム名) がテーブルの枠を構成するので，テーブル名「選手」を付して

$$選手 (選手名, チーム名)$$

と書いて，関係スキーマと呼ぶ．このように，テーブル「選手」は

(1) 関係スキーマ：選手 (選手名, チーム名)
(2) リレーション：$r = \{(a,p),(b,q)\}$

の 2 つから構成されることが分かる．

属性 $A_1, \ldots, A_n$ ($n \geq 1$) が (この並びで) テーブルの枠を構成するということを

$$R(A_1, \ldots, A_n) \tag{2.4}$$

と書いて，**関係スキーマ** (relation schema) と呼び，R を関係スキーマ名という．属性を表記する必要のないときは関係スキーマを単に R と書く．また，関係スキーマを構成する属性の列を

[*5] 例えば，2 次元平面では，$x = y$ の場合を除いて，一般に，$(x,y) \neq (y,x)$ である．例えば，平面上で $(2,3)$ と $(3,2)$ は異なる点である．

[*6] 本書では，一般に対象の列をタプルの形式で表す．

$$A_R = (A_1, \ldots, A_n)$$

で表す[*7]．テーブル T の関係スキーマに言及するときは，記号 R_T を使用する．

　これまでは，テーブルが先に与えられたとして，それから出発して枠である関係スキーマとデータのリレーションに分けた．そのため，例 2.10 では，先に与えられたテーブル名「選手」を関係スキーマ名とした．しかし，実際は逆である．本来，まず関係スキーマが設計され，次に，データが入力される．よって，関係スキーマ名「選手」がすでに先にあって，テーブルにも同じ名称「選手」を与えたと見るほうが自然である．通常はテーブル名は関係スキーマ名と同一と考えてよい．しかし，必ずしもそうでない場合もあるので，本書では，関係スキーマとテーブルは必ずしも同じ名称ではないとし，それぞれ，一般に R, T で表すことにする．

　以上から，枠である関係スキーマ $R(A_1, \ldots, A_n)$ が先に与えられ，A_R に含まれる属性に付随するドメインの直積集合の部分集合，すなわち，n 項関係のリレーション r としてデータを獲得した結果，テーブル T が構成される．

(1) 関係スキーマ：$R = R(A_1, \ldots, A_n)$
(2) データのリレーション：$r \subseteq dom(A_1) \times \cdots \times dom(A_n)$

　関係スキーマはデータベースの運用を始める前に十分な熟慮したうえで設計されるべき対象であり，運用開始以降は原則，変更されない「不変」な構成要素である．一方，データのリレーションはデータベース運用開始後に入力され，必要に応じてその都度，更新 (挿入, 削除, 修正) される「可変」な構成要素である．関係スキーマはデータに先立つのである．

　2.1.6　インスタンス

　1 つの関係スキーマに対して，それと組み合わせてテーブルとなることができるリレーションは複数ある．データは常に更新されることを考えれば，リレーションは固定された存在でないことが分かる．

例 2.11　　例 2.4 で選手 a と b が交換トレードされ，所属が変更されたとする．このとき，リレーションは

$$r' = \{(a, q), (b, p)\}$$

に更新される．このテーブルによる表示[*8]を図 2.8 に示す．枠である関係スキーマは同一であっても，例 2.5 とは異なるテーブルとなる．

選手

選手名	チーム名
a	q
b	p

図 2.8　同一の関係スキーマを持つ異なるテーブル

[*7] 前述 (13 ページ) の列の並びは任意であるという立場では，A_R は集合となる．すなわち，$A_R = \{A_1, \ldots, A_n\}$．

　一般に，関係スキーマ $R(A_1, \ldots, A_n)$ に対して，直積集合 $dom(A_1) \times \cdots \times dom(A_n)$ の**有限** (finite) 部分集合はすべてデータのリレーションとして可能な候補であり，関係スキーマの**インスタンス** (instance) と呼ぶ．関係スキーマはその1つのインスタンスと組み合わせて1つのテーブルを構成する．以降では，そのように構成されたテーブルも誤解が生じない限り，その関係スキーマのインスタンスと呼ぶ．なお，「有限」という条件をつけたのは無限個のデータからなるデータベースは考えないからである．なお，ドメイン自体は無限集合であってもよい．

　しかし，直積集合の (有限) 部分集合であっても，現実の制約からリレーションとして採用できない部分集合がある．例を示す．

例 2.12 　図 2.9 に示す $16(=2^4)$ 個のリレーションは，例 2.6 の直積集合

$$dom(選手名) \times dom(チーム名) = \{(a,p), (a,q), (b,p), (b,q)\}$$

の (有限) 部分集合に対応する．ここで，リレーション (1) は直積集合それ自体，リレーション (16) は空集合 $\emptyset$ に対応するリレーションである．

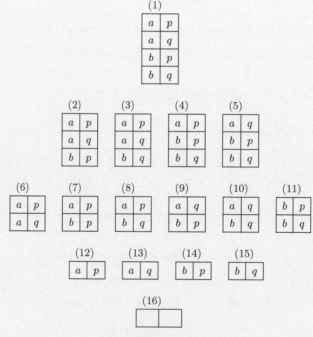

図 2.9　可能なインスタンス

　これらは理論上はすべて可能なリレーションである．しかし，この中に現実の制約からありえないリレーションがある．例えば，通常，1人の選手が異なるチームに同時

[*8] 例えば，2019 年シーズンが終わった後にトレードされたのなら，更新されたテーブル名を「選手 2020」などとできる．一方，関係スキーマ名は「選手」のままでよいので，テーブル名とは異なる．

に所属することはない．選手を決めれば，チームが 1 つ決まるのである．そうならば，上記のうち，(1)～(6)，(11) のリレーションは現実にはあり得ない．これは整合性制約 (2.3 節) の 1 つである関数従属性制約 (3.2 節) であり，現実に存在しえない状況がデータベースに入り込むのを防ぐ手段となる．

　例 2.4 の設定で選手 a, b に関して完璧にデータを集めたのはリレーション (8) である．しかし，該当するデータをすべて入力する前はリレーション (12) または (15)，(16) の可能性がある．空のリレーション (16) は該当するデータを 1 つも入力していない場合である．

　もし，選手 a, b の 2 人とも引退してしまったら，その時点における現実世界についての完璧なリレーションは (16) である．彼らについて入力できるデータが 1 つも存在しないからである．

2.1.7　タプルからの成分の切り出し

　タプルから成分を切り出す記号を説明する．属性を $A_1, \ldots, A_n$ とし，n 項リレーション r のタプルを $t = (x_1, \ldots, x_n)$ $(\in r)$ とする．このとき，各属性 A_k $(1 \le k \le n)$ に対して

$$t[A_k] = x_k \tag{2.5}$$

と定義し，タプル t の A_k-成分と呼ぶ．つまり，$t[A_k]$ はタプル t から，その k 番目の属性 A_k に関するデータを切り出した結果である．

　この定義は属性の列に拡張できる．関係スキーマの属性 $A_1, \ldots, A_n$ から m 個 $(1 \le m \le n)$ の属性 $A_{k_1}, \ldots, A_{k_m}$ $(1 \le k_1 < \cdots < k_m \le n)$ をこの順で選んで[*9] 並べた列 $(A_{k_1}, \ldots, A_{k_m})$ を A_R の部分列という[*10]．タプル $t = (x_1, \ldots, x_n)$ $(\in r)$ と A_R の部分列 $X = (A_{k_1}, \ldots, A_{k_m})$ に対して

$$t[X] = t[A_{k_1}, \ldots, A_{k_m}] = (t[A_{k_1}], \ldots, t[A_{k_m}]) = (x_{k_1}, \ldots, x_{k_m}) \tag{2.6}$$

と定義し，タプル t の X-成分と呼ぶ．特に，すべての属性についてデータを切り出すと，$t[A_R] = t$ である．

例 2.13　図 2.3 のテーブルとタプルを再掲する．

学生

学生名	研究室名	学科名	
太郎	知識情報学	知識科学	$= t_1$
次郎	データ解析学	データ科学	$= t_2$
三郎	データ解析学	データ科学	$= t_3$

　これについて，データの切り出しの例を確認する．タプル t_1 について，属性 (学生名)

[*9] 数学でよく使われる書き方である．例えば，$n = 4$，$m = 2$ とし，4 つの属性 A_1, A_2, A_3, A_4 から 2 つの属性 A_2, A_4 を選ぶ場合，$m = 2 \le 4 = n$ で，$k_1 = 2$，$k_2 = 4$ であり，$1 \le k_1 < k_2 \le 4 (= n)$ が成り立つ．

[*10] 脚注 8 で，(A_2, A_4) は (A_1, A_2, A_3, A_4) の部分列である．

に対して

$$t_1[\text{学生名}] = \text{太郎}$$

である．また，属性の列 $X = (\text{学生名}, \text{研究室名})$ に対して

$$t_1[X] = t_1[\text{学生名}, \text{研究室名}] = (t_1[\text{学生名}], t_1[\text{研究室名}]) = (\text{太郎}, \text{知識情報学})$$

である．また，全属性 $A_R = (\text{学生名}, \text{研究室名}, \text{学科名})$ に対して

$$t_1[A_R] = t_1[\text{学生名}, \text{研究室名}, \text{学科名}] = (\text{太郎}, \text{知識情報学}, \text{知識科学}) = t_1$$

が成り立つ．

▶ 問題 2.4

図 2.3 のテーブルのタプル t_2, t_3 について，例 2.13 と同様に計算せよ．

参考 2.1 ▷

　本参考は初学者は飛ばしてよい．これまでの本文の説明では，タプルの「集合」，属性の「列」などの数学の基本的概念が登場した．また， SQL では 3.1 節で述べるように，集合ではなく，「マルチ集合」を基礎とする．実は，有限列と有限マルチ集合，通常の有限集合には密接な関係があるので簡単に説明する．ここでは，すべて有限の場合を考えるので，「有限」はいちいち書かない．

　あるスーパーの特売に並んだ客の列を (A, B, A) とする．ここで，括弧やカンマがやや煩雑なので，本参考では単に ABA と書く．この特売は 1 人 1 個限りではなかったので， A さんは 2 回並んでいる．

　ここで，客の並んだ順番は無視して，誰が何回並んだかのみに着目すると， A さんは 2 回， B さんは 1 回である．並んだ回数が同じ列は他にもあり，列の要素に交換法則を適用したものはすべて同じ回数である．

$$ABA = AAB = BAA$$

これらの列は交換法則 $xy = yx$ で一致する，という列の同値関係による 1 つの同値類 $\{ABA, AAB, BAA\}$ を構成する．これが列に基づく「マルチ集合」の概念である．

　マルチ集合を表記するときには，どの列を同値類の代表元として選んでもよい．例えば，要素の数が分かりやすい列 AAB を選択し，これを通常 $\{2/A, 1/B\}$ と表記する．列 BAA を選択すれば， $\{1/B, 2/A\}$ である．

　さらに，客が並んだ回数も無視して，誰が来たかだけに注目するのが集合であり，列 ABA からは来店したのは A さんと B さんの 2 名であることが分かる．列の要素に，交換法則に加えて，べき等法則 $xx = x$ を適用すると， $ABA = AAB = AB = BA$ などとなる．誰が来店したかに

ついて同一の列は例えば, $AB = AAB = AAAB = \cdots$ を見れば分かるように無限個ある. それらが, 交換法則とべき等法則で一致する, という列の同値関係による 1 つの同値類を構成し, これが列に基づく「集合」概念である.

この集合を実際に表記するとき, どの列を代表元として選んでもよいが, 通常, 分かりやすい列 AB を選択して, これを $\{A, B\}$ と書く. 列 BA を選択すれば $\{B, A\}$ である. 要素が重複する列の選択も数学的には間違いではないが, べき等法則により, その重複には意味がないので選ぶべきでない. 集合の場合, 見かけ上, 要素の重複があっても, それに囚われてはいけないのである.

以上から, タプルの集合であるリレーションのテーブルによる表示は, タプルの重複のない列を選択した結果であり, どのタプルの列を選んで表示してもテーブルとしては本質的に同一である. だから, 特定の属性を使ってタプルをソートしても, 見かけが異なるだけで, 別のテーブルになるわけではない.

▶ 2.1.8 第 1 正規形

これまでの例で扱ったテーブルはすべて**第 1 正規形** (1NF：first Normal Form) と呼ばれ, その条件はテーブルの各セルに 1 つのデータが入力されることである. 1 セル 1 データの条件はデータ処理を単純にするために, Codd がテーブルに課した最低の条件である. 第 1 正規形の条件を満たさないテーブルは**非正規形** (non-normal form) と呼ばれる.

関係データベースは一般に複数のテーブルから構成され, それぞれ少なくとも第 1 正規形でなければならない. なお, 3.2 節で説明するように, データ管理上の問題 (更新時異常) を解決するために, より高次の正規形が定義される.

非正規形のテーブルとその第 1 正規形への変換例を示す.

例 2.14 例 2.4 でチーム q に所属する選手 c, d を図 2.10 の左側のように追加したとする. 最後の行の左から 1 列目のセルに 3 選手 b, c, d のデータがカンマで区切られて入力されているので, 1 セル 1 データの条件を満たさず, このテーブルは非正規形である. このテーブルを第 1 正規形に変換するためには, 図 2.10 の右側のように変形する. この変形の根拠は直感的には, 次の 2 つの文が同じ主張であることである.

(1) b, c, d はチーム q に所属する.
(2) b はチーム q に所属する, そして, c はチーム q に所属し, d はチーム q に所属する.

後者は「チーム q に所属する」の繰り返しがあり冗長であるものの, 意味は同一である.

図 2.10　第 1 正規形への変換例

　非正規形のテーブルを第 1 正規形にする手続きを**第 1 正規化** (the first normalization) という．タプルの 1 つのセルに n 個のデータが入力されていれば，そのタプルは n 個のタプルにする．さらにデータが重複するセルがあるならば，なくなるまで同じ作業を繰り返す．第 1 正規化するとテーブルの行数は一般に大きくなる．

2.1.9　超キーと候補キー，主キー

　データ処理ではテーブルの各行を一意的に特定してアクセスする必要がある．テーブルを表示したときのタプルの位置は任意である[*11] から，データベースシステムが仮に便宜上，行番号を表示したとしても，それはタプル固有の番号ではなく，データ処理には使えない．そこで，各タプルを一意的に特定するための仕掛けが必要である．手っ取り早くは，次例で示すように，各タプルに属性の 1 つとして固有の番号を持たせればよい[*12]．

例 2.15　図 2.3 のテーブル「学生」では，属性「学生名」がタプルを一意的に特定できると考えるかもしれない．なぜなら，「人名」という概念はそもそも個人を特定する目的で与えるものである．しかし，現実には，同姓同名の人が存在するので，どんな場合でも唯一の人を特定できるわけではない．そこで図 2.11 に示すように属性「学生 ID」を追加すれば，それが各タプルに固有の番号にもなる．もちろん，異なる学生に同一の「学生 ID」は付与されないという前提である．

学生 2

学生 ID	学生名	研究室名	学科名
19001	太郎	知識情報学	知識科学
19002	次郎	データ解析学	データ科学
19003	三郎	データ解析学	データ科学

図 2.11　ID 属性の追加

　例 2.15 の「学生 ID」のように，タプルを一意的に特定できる属性を超キーと呼ぶ．ところで，そ

[*11] 2.1.4 節で説明したように，1 つの集合を書き下す方法は一般に複数あり，その中の 1 つを選択したに過ぎない．
[*12] 3.1 節で説明する SQL では，番号を順に振ることのできる自動インクリメント属性を設定できる．それはタプル固有の番号になる．

の「タプルの一意的特定」を数学ではどう定義するのか？　属性 A がタプルを 1 つ特定するならば，どんなタプル t, t' についても，それが異なるタプルなら，それぞれの A-成分が異なるはずである．

$$t \neq t' \text{ ならば } t[A] \neq t'[A]$$

この対偶をとれば

$$t[A] = t'[A] \text{ ならば } t = t'$$

となる．この条件は属性 A-成分が同一のタプルは 1 つしかないことを主張する．これがタプルの一意的特定に関する数学的定義である．属性列の場合も定義は同様である．

定義 2.2　超キー

関係スキーマ $R = R(A_1, \ldots, A_n)$ が与えられたとする．その任意のインスタンス r について，属性列 A_R の部分列 S が性質

$$\text{任意のタプル } t, t' \in r \text{ について，} t[S] = t'[S] \text{ ならば } t = t' \tag{2.7}$$

を満たすとき，S をこの関係スキーマ R における**超キー** (super key) であるという．また，関係スキーマ R の超キー S は R のインスタンスとなる任意のテーブル T の超キーともいう．

どの関係スキーマ $R(A_1, \ldots, A_n)$ にも必ず超キーが存在する．それは A_R 自身である[*13]．これは重複するタプルが存在しないことからの当然の帰結である．逆に，R の超キー S に対して，S を部分列とする属性列 S' も R の超キーである[*14]．

しかし，A_R 自体は $R(A_1, \ldots, A_n)$ の超キーとして，多くの場合，冗長である．例えば，例 2.15 における「学生 ID」のような属性があれば，たった 1 つの属性でタプルを特定できる．これを踏まえて，候補キーという概念が定義される．

定義 2.3　候補キー

関係スキーマ $R(A_1, \ldots, A_n)$ が与えられたとき，属性列 A_R の部分列 K が性質

(1) K は超キーである (タプルを一意的に特定する)．

(2) K のどの真部分列[*15] も超キーとはならない[*16]．

を満たすとき，K を**候補キー** (candidate key) という．関係スキーマの属性のうち，候補キーに属するものを**キー属性** (素属性)，属さないものを**非キー属性** (非素属性) という．

[*13] $t[A_R] = t$, $t'[A_R] = t'$ であるから，$t[A_R] = t'[A_R]$ が成り立つならば，自動的に $t = t'$ となる．
[*14] $t[S'] = t'[S']$ とすると，S は S' の部分列だから，$t[S] = t'[S]$ である．S は超キーだから，$t = t'$ が成り立つ．
[*15] ある属性列の真部分列とは元の列から少なくとも 1 つの属性を取り除いた列である．
[*16] 属性列 K の真部分列 X が超キーの条件を満たさないのは，関係スキーマ R のあるインスタンスにおいて，異なるタプル $t, t' (t \neq t')$ であって $t[X] = t'[X]$ となるものが存在するときである．

　1つの関係スキーマに候補キーが複数存在する場合がある．そのとき，数学的な理由ではなく，データベース管理上，都合のよい候補キーを管理者が1つ選ぶ．それを**主キー** (primary key) と呼ぶ．関係スキーマやテーブルでは，主キーに下線を引く約束である．

例 2.16　　1人の学生について，その履修した授業ごとに成績が1つ定まる．よって，図2.12の右側のテーブルでは属性列 (学生名, 授業名) が候補キーであり，関係スキーマは履修 (学生名, 授業名, 成績) である．また，キー属性は「学生名」と「授業名」，非キー属性は「成績」である．

　次に，データ管理上，1人の学生が1つの授業を履修するという事実にも「履修 ID」という ID 番号を付した場合，属性列 (学生名, 授業名) に加え，属性列 (履修 ID) も候補キーになる[*17]．そこで，例えば，図2.12の右側のテーブルのように「履修 ID」を選んで主キーとし，関係スキーマは履修2(履修 ID, 学生名, 授業名, 成績) とできる．このとき，キー属性は「履修 ID」「学生名」「授業名」，非キー属性は「成績」である．

履修

学生名	授業名	成績
太郎	人工知能	S
太郎	統計学	A
次郎	人工知能	C
次郎	統計学	B
次郎	データベース	A
三郎	統計学	S

履修 2

履修 ID	学生名	授業名	成績
T01	太郎	人工知能	S
T02	太郎	統計学	A
T11	次郎	人工知能	C
T12	次郎	統計学	B
T13	次郎	数理論理学	A
T21	三郎	統計学	S

図 2.12　候補キーと主キー

　個々の，あるいは，いくつかのインスタンスでしか成り立たない性質は普遍性がない．例えば，同姓同名の学生が入学する可能性はそれほど高くない．しかし，可能性はゼロではないので，そのような事態が生じた場合，「想定外だった」と言い訳できない．ある関係スキーマが与えられて，そのどのインスタンスでも成り立つ性質や条件こそ妥当性がある．実際，本節で見た，超キーや候補キー，3.2節で説明する関数従属性などは，この意味で関係スキーマのレベルで成り立つ普遍的な性質である．

　しかし，本書のような教科書で例を作るとき，必要な ID 属性を作って完璧を期すと，かえって見た目が煩雑となり，本質が分かりにくくなる危険性がある[*18]．そこで，本章および次章における例や問題などでは，例外的な場合には適用できない属性を主キーとして設定する場合があるので注意してほしい．図2.13は以降のいくつかの例で説明に使用するテーブルである．

[*17] ただし，例えば，同じ授業の再履修には異なる履修 ID が振られ，「成績」は書き換えではなく，古い成績も履歴として残る設定もある．この場合は「学生名」「授業名」の組合せは超キーにさえなれない．

[*18] そもそも，例えば「学生 ID」でさえ，もし異なる大学で同じ与え方をするならば，厳密には主キーにはなれない．もしそのような場合があれば，1つの大学に限定して初めて主キーになることができる．

学生

学生名	研究室名	学科名
太郎	知識情報学	知識科学
次郎	データ解析学	データ科学
三郎	データ解析学	データ科学

授業

授業名	開講時期
人工知能	2 年前期
応用統計学	1 年後期
数理論理学	2 年後期

履修

学生名	授業名	成績
太郎	人工知能	S
太郎	応用統計学	A
次郎	人工知能	C
次郎	応用統計学	B
次郎	数理論理学	A
三郎	応用統計学	S

図 2.13　ID 属性のないテーブルの例

これらに真の意味での主キーを ID 属性を使って設定すると例えば，図 2.14 のようになる．

学生 2

学生 ID	学生名	研究室名	学科名
S1	太郎	知識情報学	知識科学
S2	次郎	データ解析学	データ科学
S3	三郎	データ解析学	データ科学

授業 2

授業 ID	授業名	開講時期
L1	人工知能	2 年前期
L2	応用統計学	1 年後期
L3	数理論理学	2 年後期

履修 2

履修 ID	学生 ID	授業 ID	成績
T01	S1	L1	S
T02	S1	L2	A
T11	S2	L1	C
T12	S2	L2	B
T13	S2	L3	A
T21	S3	L2	S

図 2.14　ID 属性を含むテーブルの例

➤ 2.2　整合性制約

　データベースは信頼性が命である．データが間違いだらけのデータベースなら利用する人はいない
だろう．しかし，新規データの挿入など，さまざまなテーブルの処理を無策のまま積み重ねると，データ
ベースの信頼性がいつのまにか崩れてしまう．そこで，関係モデルでは信頼性低下を予防するため
の方策が用意されている．これを**整合性制約**（または**一貫性制約**）（integrity constraint）という．主
な整合性制約として

(1) ドメイン制約
(2) 主キー制約
(3) 参照整合性制約
(4) 関数従属性による制約

が挙げられる．ここでは (1)〜(3) を説明する．(4) の関数従属性による制約は例 2.12 で触れたように，現実には起こりえないリレーションがデータベースに紛れ込むのを防いでくれる．関数従属性はデータベースの設計理論である「正規化」において重要な役割を果たすので，3.2 節で説明する．

● 2.2.1 ドメイン制約

ドメイン制約が必要な例から始める．

例 2.17 図 2.15 のテーブルを観察すると，明らかにおかしなデータがある．すなわち，いくつかの属性に関して，そのドメインに属さないと思われる値が入力されている．

学生名	研究室名	学科名
データ科学	知識情報学	知識科学
次郎	データ解析学	次郎
三郎	太郎	データ科学

図 2.15　ドメイン制約に違反する例

このような事態を防ぐ方策が**ドメイン制約** (domain constraint) である．

タプルがとる各属性の値は，その属性のドメインの要素でなければならない．

この一見当たり前なことが無策だと守られないのである．実際，SQL でもきめ細かく指定できる．例えば，データとして数値をとる属性，例えば，属性「身長」なら実数値をとるから，ドメインを理論的には実数全体の集合 $\mathbb{R}$ とできる．しかし，人間なら身長が 50 m などあり得ないから，ドメインを実数型とし，データは単位を m として区間 $(0, 2.5]$ の範囲でなければならない，というドメイン制約を課す．

「名前」「住所」のように非数値データをとる属性のとき，理論的には，取り得る可能なデータの集合がドメインとなる．属性「都道府県」なら，47 都道府県名の集合がドメインであり，それ以外の値は入力できない，というのがドメイン制約になる．実際のデータベースでは，データ型を文字列型とし，実際に代入できるデータは，テーブルの定義中であらかじめ列挙して制約とする，あるいは，別のテーブルで管理してデータを参照する，などが考えられる．後者の別テーブル参照は，2.4.3 節で説明する参照整合性制約と関連する．

● 2.2.2　主キー制約

主キーはタプルを一意的に特定するためにある．それを実現するためには，以下の対策が必要である．

(1) 主キー属性の値が同じであるタプルの複数入力を阻止する．
(2) 主キー属性に空値を含む不完全なタプルの入力を阻止する．

ここで，**空値** (null) とはなんらかの理由[*19] で，ある属性に関するデータが得られていない場合であり，セルに「−」を記入する．

　しかし，データが不明だからといって，どこでも空値「−」を使えるわけではない．特に，主キー属性に対しては，空値は厳禁である．主キー属性の役割はタプルの特定なのに，主キーに空値があるタプルは特定しようがない．だから，主キー属性が空値のタプルが入力されようとしたら，しっかり拒否するように設定する必要がある．

例 2.18　図 2.16 は転入学生「四郎」さんのデータに関して，「授業名」「成績」は未定なので，とりあえず空値を含むタプル (網掛け部分) を挿入したテーブルである．しかし，このタプルは主キー属性「授業名」に空値を含むので，主キー制約から「四郎」さんの挿入は許されるべきではない．

成績

学生名	授業名	成績
太郎	人工知能	S
太郎	応用統計学	A
次郎	人工知能	C
次郎	応用統計学	B
次郎	数理論理学	A
三郎	応用統計学	S
四郎	−	−

図 2.16　キー制約に違反する例

　次に，もう一方の対策，主キー属性の値が同じであるタプルが存在してはいけない点を考える．理論的には，主キーに設定されたのはタプルの重複はあり得ないからである．しかし，現実のデータベースでは，そのような重複は阻止されなければならない．だから，関係スキーマを定義する段階で，主キー制約が守られるように設定する．

[*19] 空値を使用せざるを得ない代表的な理由として，(1) データは確かに存在するはずだが，未調査のため分かってない，(2) データが諸般の事情で確定していない，(3) データそのものが元々存在しない，がある．ある研究によると空値には 17 種類あるそうである．

2.2.3　外部キーと参照整合性制約

プルダウンメニューというものがある．例えば，自分の情報をウェブページで登録するとき，在住する都道府県のセルがある場合，いちいち自分で県名を入力するのに比べて，以下の利点がある．

(1) プルダウンメニューから選択したほうが楽である[20]．
(2) データの誤入力を防止できる．

データベースの信頼性保持の観点からは第2の利点が重要である．これは外部キーと参照整合性制約という概念で実現される．

例 2.19　図2.17の2つのテーブルを考える．テーブル「社員」における属性「出身都道府県」に入力できる値は右側のテーブル「都道府県」の主キー属性「都道府県名」の列で管理されており，そこに出現しないデータが入力されるべきではない．つまり，テーブル「社員」の属性「出身都道府県」にデータを入力するときは，右側のテーブル「都道府県」を参照することによって，テーブル「社員」の属性「出身都道府県」のデータの信頼性を守ることができる．このとき，関係スキーマ $R_{都道府県}$(都道府県名, 地方) の主キー属性「都道府県名」は関係スキーマ $R_{社員}$(社員 ID, 社員名, 出身都道府県) に関わる外部キーであるといい，また，属性「出身都道府県」はテーブル「都道府県」を参照するという．

属性「出身都道府県」自体はテーブル「社員」のキー属性でないから，空値が許されることに注意する．学生の出身地が未調査の場合があるからである．つまり，空値でなければ，テーブル「都道府県」に現れるデータでなければならない．

社員

社員 ID	社員名	出身都道府県
1	太郎	北海道
2	次郎	沖縄
3	三郎	三重
4	四郎	－

都道府県

都道府県名	地方
北海道	北海道
⋮	⋮
三重	近畿
沖縄	九州

図 2.17　参照整合性制約

ある関係スキーマの属性の取り得る値が空値でなければ，別の関係スキーマの主キー属性の値であるとき，その属性を**外部キー** (foreign key) と呼ぶ．これは2つの関係スキーマのいかなるインスタンスについても成り立たなければならない．**参照整合性制約** (referential integrity constraint) とは関

---

[20] プルダウンされたメニューがあまりに長いときは逆に不便である．

係スキーマに外部キーが指定されているとき，必ずこの条件を満たさなければならないという制約である．

すでに述べたように関係データベースは，一般に複数のテーブルでデータを管理する．参照整合性制約は，外部キーという概念を使って，複数のテーブルに分かれたデータ間の整合性を保証する．

なお，参照は異なる関係スキーマの間だけではなく，自分自身を参照することもできる．例を挙げる．

例 2.20　図 2.18 に示すテーブル「社員′」では，属性「直属上司 ID」が主キー「社員 ID」を自己参照する．上司は必ず社員だからである．自分がトップなら空値となる．

社員′

社員 ID	氏名	出身県	直属上司 ID
1	太郎	北海道	—
2	次郎	東京	1
3	三郎	滋賀	2
4	四郎	宮城	1

図 2.18　自己参照整合性

2.3　関係代数

2.3.1　テーブルからのデータ検索

Codd はテーブルから必要なデータを検索するための基礎理論として，**関係代数** (relational algebra) および**関係論理** (relational calculus) という 2 つのデータ操作言語を提案した．関係代数で検索できることは関係論理でも可能であり，逆もまた真である，という意味で両者の検索能力は同等である[21]．ここでは関係代数に関して説明する．

関係データベースの検索言語がさらに他にあったとして，それが関係代数または関係論理と少なくとも同等な検索能力を持つとき**関係完備** (relationally complete) であるという．例えば，SQL は関係完備であり，これから説明する関係代数の演算はすべて実現している．

関係代数ではテーブルから必要なデータを検索するために 8 つの**演算**[22](operator) が定義される．すなわち，1 つまたは 2 つのテーブルを入力とし，1 つのテーブルを出力するのが関係代数の演算である．関係代数の演算では，演算される対象が数ではなくて，テーブルなのである．

Codd はそれぞれ 4 つの演算からなる 2 つのグループ，合計 8 演算で関係代数の理論を構成した．第一のグループは通常の集合演算をタプルの集合としてのリレーションに適用する演算である．

---

[21] ただし，関係論理は安全表現という式に限定する必要がある．詳細は増永 (2017) などを参照．

[22] 私たちがよく知っている演算として，数の四則演算がある．例えば，足し算（加法）は 2 つの数 2 と 3 を入力として，それらの「和」と呼ばれる 1 つの数 5(= 2 + 3) を出力する数学的操作である．四則演算は 2 つの数を入力とするので 2 項演算という．また，0 でないある数の逆数をとる操作は，例えば，3 を入力として $\frac{1}{3}$ を出力させる演算である．これを 1 項演算という．

(1) 和 (合併, 結び) (union)

(2) 積 (共通部分, 交わり) (intersection)

(3) 差 (set difference)

(4) 直積 (direct product)

これらはすべて, 2 入力 1 出力の 2 項演算である.

もう一方のグループは関係データベースのテーブル向けに Codd が独自に定義した演算である.

(5) 射影 (projection)

(6) 選択 (selection)

(7) 結合 (ジョイン)(join)

(8) 商 (division)

ここで, 最初の 2 つが 1 入力 1 出力の 1 項演算, 残りは 2 項演算である.

関係代数の演算を定義するステップを述べる. テーブルは関係スキーマとリレーションから構成されることにまず注意する. よって, 入力テーブルの関係スキーマとリレーションに基づいて, 演算の結果, 出力されるテーブルの関係スキーマとリレーションを定めることによって, 関係代数の演算を定義できる.

> **注** 関係代数の 8 演算は「そのいくつかが他の演算を使って定義できる」という意味で互いに独立ではない. 具体的には, 積は差で, 結合は直積と射影で, 商は射影と直積, 差を使って定義できる. したがって, 8 演算で 1 セットとするのは数学の観点からは理論として冗長である. よって, 関係完備性のような関係代数の演算全体に関する理論的性質を証明するとき, 他演算から定義できる演算については考えなくてもよい. しかし, 実際に関係データベースを運用する立場では話は別である. 特に, 結合演算は関係データベースにおいて大変重要な演算であり, 他の演算から定義できるからといって, その意義はまったく失われない.

▶ 2.3.2 関係代数の集合演算

a 和・積・差

同一の関係スキーマ[*23] を持つ 2 つのテーブル T, T' を入力とする. この 2 つの入力テーブルに対する**和演算** (union) を集合の和集合の演算と同じ記号を援用して「$\cup$」で表す. その出力テーブルを $T \cup T'$ と書き, これを T と T' の**和**と呼ぶ. 和テーブル $T \cup T'$ という言い方もする. 和テーブルの関係スキーマは入力テーブルと同一で, リレーションは入力テーブルの 2 つのリレーションの和集合である.

2 つの入力テーブルに対する**積演算** (intersection) と**差演算** (set difference) も同様に, それぞれ「$\cap$」「$\setminus$」で表す. 出力テーブルもそれぞれ, $T \cap T', T \setminus T'$ となり, これらを 2 つの入力テーブル T と T'

[*23] 完全に同一でなくてもよい場合がある. 本節末の注 (30 ページ) を参照のこと.

のそれぞれ，**積**，**差**と呼ぶ[*24]．積テーブル $T \cap T'$，差テーブル $T \setminus T'$ という言い方もする．これらの出力テーブルの関係スキーマはやはり，入力テーブルと同一で，リレーションは入力テーブルの 2 つのリレーションのそれぞれ，積集合，差集合である．以上を表 2.1 にまとめる．

表 2.1　テーブルの和・積・差

	入力テーブル		出力テーブル		
	T	T'	$T \cup T'$	$T \cap T'$	$T \setminus T'$
関係スキーマ	R_T	$R_{T'} = R_T$	$R_{T \cup T'} = R_T$	$R_{T \cap T'} = R_T$	$R_{T \setminus T'} = R_T$
リレーション	r	r'	$r \cup r'$	$r \cap r'$	$r \setminus r'$
ベン図					

例 2.21　社員のデータを分担して入力した結果，図 2.19 に示す 2 つのテーブルが得られたとする．

社員

氏名	年齢	出身都道府県	
太郎	40	北海道	$= t_1$
次郎	35	岐阜	$= t_2$

社員′

氏名	年齢	出身都道府県	
次郎	35	岐阜	$= t'_1$
三郎	25	千葉	$= t'_2$

図 2.19　本例の入力テーブル

この 2 つのテーブルを入力として，和，積，差演算を計算する．入力テーブル「社員」「社員′」の関係スキーマはともに $R_{社員}(\underline{氏名}, 年齢, 出身都道府県)$ であり，リレーションはそれぞれ，$r = \{t_1, t_2\}$，$r' = \{t'_1, t'_2\}$ である．ここで，$t_2 = t'_1$ に注意する．

　2 つのテーブルの和テーブル「社員 $\cup$ 社員′」，積テーブル「社員 $\cap$ 社員′」，差テーブル「社員 $\setminus$ 社員′」の関係スキーマはすべて，入力テーブルの関係スキーマと同一である．リレーションは入力テーブルの 2 つのリレーションのそれぞれ和集合，積集合，差集合として計算される．

$$r \cup r' = \{t_1, t_2\} \cup \{t'_1, t'_2\} = \{t_1, t_2\} \cup \{t_2, t'_2\} = \{t_1, t_2, t'_2\}$$
$$r \cap r' = \{t_1, t_2\} \cap \{t'_1, t'_2\} = \{t_1, t_2\} \cap \{t_2, t'_2\} = \{t_2\}$$
$$r \setminus r' = \{t_1, t_2\} \setminus \{t'_1, t'_2\} = \{t_1, t_2\} \setminus \{t_2, t'_2\} = \{t_1\}$$

以上をテーブルで表示したのが図 2.20 である．2 つのテーブルに共通のタプルがある場合，テーブルの和では重複は省かれることに注意する．

[*24] 差の演算を「$-$」と書く流儀もある．本書では，本シリーズの椎名ら『データサイエンスのための数学』(2019) が採用する差の記号「$\setminus$」を使う．

社員 ∪ 社員′

氏名	年齢	出身都道府県
太郎	40	北海道
次郎	35	岐阜
三郎	25	千葉

社員 ∩ 社員′

氏名	年齢	出身都道府県
次郎	35	岐阜

社員 \ 社員′

氏名	年齢	出身都道府県
太郎	40	北海道

図 2.20 テーブルの和と積，差

問題 2.5

　同一の関係スキーマを持つ 2 つのテーブル T, T' の積演算は以下のように差演算を 2 回使って表現できることを示せ.

$$T \cap T' = T \setminus (T \setminus T')$$

注　属性名やその順番の相違から一見，異なる関係スキーマに見えるものの，適当な属性名のつけ替えや順番の入れ替えの結果，本質的に同じ関係スキーマであることが分かる場合がある．このような場合，2 つの関係スキーマは**和両立**であるといい，やはりテーブルの和や積，差を計算できる.

　(1) 同一の属性に異なる属性名が与えられている場合，適切に属性名にそろえて和テーブルを計算できる.

友人

氏名	年齢
太郎	40

友人′

姓名	年
次郎	25

↪

友人 ∪ 友人′

氏名	年齢
太郎	40
次郎	25

　(2) 2 つの関係スキーマの属性たちは順序が異なるものの，それらの間に同一の属性という意味で 1 対 1 の対応がつく場合も和テーブルを計算できる.

友人

氏名	年齢
太郎	40

友人′

年齢	姓名
25	次郎

↪

友人 ∪ 友人′

氏名	年齢
太郎	40
次郎	25

　関係スキーマがそれぞれ R, R' である 2 つのテーブル T, T' が和両立のとき，適切に属性名と順番を変更した関係スキーマを $\rho(R, R')$ と書く．例えば，上の (2) では，R'' を和テーブルの関係スキーマとして，次のように定めたことになる.

$$\rho(R(\text{氏名}, \text{年齢}), R'(\text{年齢}, \text{姓名})) = R''(\text{氏名}, \text{年齢})$$

すなわち，テーブル T' の属性を T と一致させるために「姓名」を「氏名」に変更して，列を入れ替えたうえで，

和演算を実行したのである．もちろん，T の「氏名」を「姓名」に変えてもよい．

　2 つの関係スキーマの属性たちの間に同一の属性であるという意味での 1 対 1 の対応がつかない場合は和を計算できない．次の例では，属性「身長」と「体重」は同じ実数型であるにもかかわらず，意味が異なるので，対応がつかない．

友人の身長

氏名	身長
太郎	175.8

友人の体重

氏名	体重
次郎	75

$\hookrightarrow$

氏名	?
太郎	175.8
次郎	75

タプルの和集合は作れるが，しかし，2 列目に「身長」と「体重」のデータが混在していて無意味である．

b 直積

　直積演算 (direct product)$\times$ は 2 つの入力テーブル T, T' から，それらに含まれるタプルのすべての組合せ t, t' を考え，以下に定義する「t, t' をつなげて得られるタプル」tt' から構成されるテーブル $T \times T'$ を出力する．直積演算によって作られるテーブル $T \times T'$ を 2 つの入力テーブル T, T' の **直積** という[*25]．直積演算を表 2.2 にまとめる．表 2.2 中の tt' は，テーブル T のタプル $t(\in r)$ の成分とテーブル T' のタプル $t'(\in r')$ の成分をこの順につなげたタプルである．

$$tt' = (\underbrace{t[A_1], \ldots, t[A_m]}_{t \in r}, \underbrace{t'[A'_1], \ldots, t'[A'_n]}_{t' \in r'})$$

表 2.2　直積演算

	入力テーブル		出力テーブル
	T	T'	$T \times T'$
関係スキーマ	$R_T(A_1, \ldots, A_m)$	$R_{T'}(A'_1, \ldots, A'_n)$	$R_{T \times T'}(A_1, \ldots, A_m, A'_1, \ldots, A'_n)$
リレーション	r	r'	$\{tt' \mid t \in r, t' \in r'\}$

また，出力テーブルの関係スキーマにおいて 2 つの入力テーブルに同じ名前の属性がある場合，ドット記法[*26]「テーブル名.属性名」を使って，どちらのテーブルにあったのか，その由来を区別する．これを含めて，例 2.22 で確認する．

[*25] 2 章で関係の数学的定義をしたときの直積集合とは厳密には異なる．すなわち，直積の本来の要素は (t, t') である．しかし，これは成分を先頭から順に対応させることによって tt' と同一視できる．例えば，$t = (a, b), t' = (c, d)$ なら，$((a, b), (c, d))$ と (a, b, c, d) を同一視できる．

[*26] このような記法はデータベースに限らず，コンピュータサイエンスでは広く採用されている．

例 2.22　図 2.21 に示す 2 つの入力テーブルから直積を計算する.

学生

学生名	授業名	
太郎	代数学	$= t_1$
太郎	幾何学	$= t_2$
次郎	代数学	$= t_3$

教員

教員名	授業名	
土井	代数学	$= t'_1$
鈴木	幾何学	$= t'_2$

図 2.21　本例の入力テーブル

まず, 直積「学生 × 教員」の関係スキーマは

$$R_{学生 \times 教員}(学生名, 学生.授業名, 教員名, 教員.授業名)$$

である. ここで, 同じ名前の属性が両方のテーブルにあるので, ドット記法を使って由来を区別する[27]. 直積のリレーションを得るために, まず 2 つの入力テーブルからタプルのすべての組合せを考え, それをつなげたタプルを作る.

$$
\begin{aligned}
t_1 &= (太郎, 代数学), t'_1 = (土井, 代数学) &\hookrightarrow\quad& t_1 t'_1 = (太郎, 代数学, 土井, 代数学) \\
t_1 &= (太郎, 代数学), t'_2 = (鈴木, 幾何学) &\hookrightarrow\quad& t_1 t'_2 = (太郎, 代数学, 鈴木, 幾何学) \\
t_2 &= (太郎, 幾何学), t'_1 = (土井, 代数学) &\hookrightarrow\quad& t_2 t'_1 = (太郎, 幾何学, 土井, 代数学) \\
t_2 &= (太郎, 幾何学), t'_2 = (鈴木, 幾何学) &\hookrightarrow\quad& t_2 t'_2 = (太郎, 幾何学, 鈴木, 幾何学) \\
t_3 &= (次郎, 代数学), t'_1 = (土井, 代数学) &\hookrightarrow\quad& t_3 t'_1 = (次郎, 代数学, 土井, 代数学) \\
t_3 &= (次郎, 代数学), t'_2 = (鈴木, 幾何学) &\hookrightarrow\quad& t_3 t'_2 = (次郎, 代数学, 鈴木, 幾何学)
\end{aligned}
$$

これら $6 (= 3 \times 2)$ 個[28] の新たなタプルからなる集合が直積のリレーションである.

$$r = \{t_1 t'_1, t_1 t'_2, t_2 t'_1, t_2 t'_2, t_3 t'_1, t_3 t'_2\}$$

以上から図 2.22 に示すテーブル[29] が出力される.

学生 × 教員

学生名	学生.授業名	教員名	教員.授業名
太郎	代数学	土井	代数学
太郎	代数学	鈴木	幾何学
太郎	幾何学	土井	代数学
太郎	幾何学	鈴木	幾何学
次郎	代数学	土井	代数学
次郎	代数学	鈴木	幾何学

図 2.22　本例の出力テーブル

---

[27] 厳密には, すべての属性をドット記法で書くべきである. しかし, 煩雑になるので, 区別が必要な属性のみ表記する.

[28] なお, この例では, タプルの数は $3 \times 2 = 6$ で済んでいる. しかし, 一般には, 膨大になることに注意する.

[29] この直積のテーブル中, 2, 3, 6 行目のタプルは 2 つの授業に関するデータが混在し, 明らかに意味がない. すべての組合せから意味のあるタプルを引き出すのが後述の「結合」演算である.

直積演算をデータ操作で直接利用することは少ないが，2.3.3c 節で説明する「結合」(ジョイン) の定義を基礎づける.

2.3.3　「関係代数」独自の演算

a 射影

　射影は 1 つのテーブルから縦方向へデータを切り出し，検索に必要な属性の列をつなげて新たなテーブルを作る 1 入力 1 出力の演算である．入力テーブル T の関係スキーマを $R_T(A_1, \ldots, A_n)$ とし，検索したい m 個の属性を $A_{k_1}, \ldots, A_{k_m}$ $(m \leq n$ かつ $1 \leq k_1 < \ldots < k_m \leq n)$ とするとき，テーブル T に対して，属性列 $X = (A_{k_1}, \ldots, A_{k_m})$ への**射影** (projection) 演算を実行して出力されるテーブルを

$$\pi_X(T)$$

と書く．ここで，「π」は「射影」の英語名 projection の頭文字「p」に対応するギリシャ文字である．出力テーブル $\pi_X(T)$ をテーブル T の属性 $A_{k_1}, \ldots, A_{k_m}$ への射影と呼ぶ．射影の関係スキーマは検索したい属性からなる枠であり，リレーションは検索したい属性の成分を切り出した結果，得られるタプルを集めた集合である．以上をまとめると表 2.3 を得る．

表 2.3　射影演算

	入力テーブル	出力テーブル
	T	$\pi_X(T)$，　ただし，$X = (A_{k_1}, \ldots, A_{k_m})$
関係スキーマ	$R_T(A_1, \ldots, A_n)$	$R_{\pi_X(T)}(A_{k_1}, \ldots, A_{k_m})$
リレーション	r	$\{t[X] \mid t \in r\}$

例 2.23　図 2.23 に示すテーブルを入力とする射影演算を考える.

友人

氏名	授業名	教室	
太郎	代数学	E115	$= t_1$
次郎	幾何学	E109	$= t_2$
三郎	代数学	E115	$= t_3$
三郎	解析学	E115	$= t_4$

図 2.23　本例の入力テーブル

この入力テーブルから友人の「氏名」と「教室」を射影で検索するイメージを図 2.24 に示す．ここで，$X = (氏名, 教室)$ とする.

友人		
氏名	授業	教室
太郎	代数学	E115
次郎	幾何学	E109
三郎	代数学	E115
三郎	解析学	E115

網掛けの列を削除 →

氏名	教室
太郎	E115
次郎	E109
三郎	E115
三郎	E115

集合なので重複除去 →

π_X(友人)

氏名	教室
太郎	E115
次郎	E109
三郎	E115

図 2.24　射影演算の過程

テーブルを縦に切って，属性「授業」の列を削除し，残りの列をつなぎ合わせている．最後に得られたテーブルが射影演算による出力である．これをテーブル「友人」の属性「氏名」と「教室」への射影と呼び，π_X(友人) と書く．

　次に，図 2.24 で説明した射影が数式のレベルでどう計算されるかを説明する．まず，その関係スキーマは入力テーブルのうち，属性「氏名」と「教室」のみに限定するのだから，$R_{\pi_X(友人)}$(氏名, 教室) である．リレーションを求めるにはまず，入力リレーション r の各タプルから「氏名」と「教室」に関するデータを切り出す．

$$t_1 = (太郎, 代数学, E115) \quad \hookrightarrow \quad t_1[X] = (太郎, E115)$$
$$t_2 = (次郎, 幾何学, E109) \quad \hookrightarrow \quad t_2[X] = (次郎, E109)$$
$$t_3 = (三郎, 代数学, E115) \quad \hookrightarrow \quad t_3[X] = (三郎, E115)$$
$$t_4 = (三郎, 解析学, E115) \quad \hookrightarrow \quad t_4[X] = (三郎, E115)$$

これらの切り出した結果を集めた集合が射影演算による出力テーブルのリレーションである．

$$
\begin{aligned}
r' &= \{t[X] \mid t \in r\} \\
&= \{t_1[X], t_2[X], t_3[X], t_4[X]\} \\
&= \{(太郎, E115), (次郎, E109), (三郎, E115), (三郎, E115)\} \\
&= \{(太郎, E115), (次郎, E109), (三郎, E115)\}
\end{aligned}
$$

以上の結果から図 2.25 のテーブルが出力される．

π_X(友人)

氏名	教室
太郎	E115
次郎	E109
三郎	E115

図 2.25　本例の出力テーブル

▶ **問題 2.6**

次のテーブル「友人」から射影 $\pi_Y(友人)$ を求めよ．ただし，$Y = (氏名, 在住地)$ とする．

友人

氏名	出身都道府県	在住地	
太郎	東京都	滋賀県	$= t_1$
次郎	北海道	北海道	$= t_2$
三郎	青森県	北海道	$= t_3$

b 選択

テーブルから必要な属性のデータ (列) を縦方向に切り出す 2.3.3a 節の「射影」に対して，「選択」は必要なタプルを横方向に切り出すイメージである．すなわち，1 つの入力テーブルを行の方向に切って，不要なタプルは捨てて，残りのタプルを貼り合わせる．その結果，必要なタプルのみから構成されるテーブルが出力される 1 入力 1 出力の演算である．

必要なタプルを選ぶために選択条件式を利用する．**選択条件式**は入力テーブルの 2 属性 A_i, A_j の値を比較する式で

$$F = (A_i \theta A_j)$$

と書く．ここで，θ は**比較演算子**と呼ばれ，関係代数では次の 6 種類の等号・不等号

$$=, \neq, <, \leq, >, \geq$$

を使用できる．さらに論理演算子の否定 $\neg$(でない)，論理積 $\wedge$(かつ)，論理和 $\vee$(または) を組み合わせて，より詳細な条件式も構成できる．なお SQL では，3.1 節に示すように，さらにより多様な式を作ることができる．

入力テーブル T からの選択条件式 F による**選択** (selection) 演算を適用した結果，得られる出力テーブルを

$$\sigma_F(T)$$

と書く．「選択」は英語で selection であり，その頭文字「s」に対応するギリシャ文字が σ である．出力テーブルを T の F による選択という．

選択の関係スキーマは入力テーブルの関係スキーマと一致する．リレーションは選択条件式を満たすタプルを集めればよい．選択条件式の評価は，入力テーブルの各タプル t について

$$t[A_i] \, \theta \, t[A_j]$$

が成り立つか否かで，検索すべきタプルか否かを判定する．以上をまとめたのが表 2.4 である．

表 2.4　選択演算

	入力テーブル	出力テーブル
	T	$\sigma_F(T)$
関係スキーマ	$R_T(A_1,\ldots,A_n)$	$R_{\sigma_F(T)} = R_T$
リレーション	r	$\{t \in r \mid t[A_i]\,\theta\,t[A_j]\}$

例 2.24　図 2.26 に示すテーブルを入力とする選択演算を考える.

友人

氏名	出身都道府県	在住地	
太郎	東京都	滋賀県	$= t_1$
次郎	北海道	北海道	$= t_2$
三郎	青森県	北海道	$= t_3$

図 2.26　本例の入力テーブル

このテーブルから地元に進学した友人に関するタプルを選択するイメージを図 2.27 に示す. テーブルを横に切って, 網掛けのタプルを削除する.

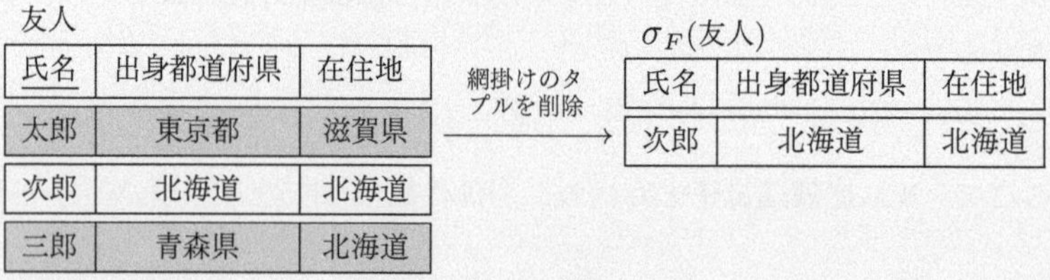

図 2.27　選択演算の過程

この選択を実現するために必要な選択条件式は

$$F = (出身都道府県 = 在住地)$$

である. 図 2.27 の計算が数式のレベルでどのように実行されるかについて説明する. 出力テーブルの関係スキーマは入力テーブルと同一である. 次にリレーションを計算するために, まず, 選択条件式 $F = (出身都道府県 = 在住地)$ によるタプル t の真偽を次のように定める. 各タプル $t \in r$ に対して

　　もし $t[出身都道府県] = t[在住地]$ ならば, t は真, そうでなければ, t は偽[*30]

テーブル「友人」の各タプルについて, 選択条件式によって真偽を判定し, 真であるタプルのみを残す.

$$t_1[出身都道府県] = 東京都 \neq 滋賀県 = t_1[在住地] \quad \hookrightarrow \quad t_1:偽$$

$$t_2[出身都道府県] = 北海道 = 北海道 = t_2[在住地] \quad \hookrightarrow \quad t_2:真$$

$$t_3[出身都道府県] = 青森県 \neq 北海道 = t_3[在住地] \quad \hookrightarrow \quad t_3:偽$$

以上から，選択条件式を真とするタプル t_2 が選択され，図 2.27 の右側のテーブルが出力される．

不等号は数値をとる属性の場合に有効である．

例 2.25　図 2.28 のテーブルを入力とする．

素点

氏名	国語	数学	
太郎	100	30	$= t_1$
次郎	60	90	$= t_2$
三郎	80	70	$= t_3$

図 2.28　本例の入力テーブル

このテーブルから「国語」の素点が「数学」の素点より上の学生に関するタプルを選択するイメージを図 2.29 に示す．

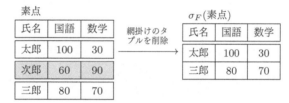

図 2.29　選択演算の過程

この選択を実現するために必要な選択条件式は

$$F = (国語 > 数学)$$

である．関係スキーマはやはり入力テーブルと同一である．リレーションを求めるためには，この選択条件式による各タプルの真偽を判定し，真であるタプルのみを残す．

$$t_1[国語] = 100 \quad > \quad 30 = t_1[数学] \quad \hookrightarrow \quad t_1：真$$
$$t_2[国語] = 60 \quad \leq \quad 90 = t_2[数学] \quad \hookrightarrow \quad t_2：偽$$
$$t_3[国語] = 80 \quad > \quad 70 = t_3[数学] \quad \hookrightarrow \quad t_3：真$$

以上から，選択条件式 F を真とするタプル t_1, t_3 が選択され，図 2.29 の右側のテーブルが出力される．

注　どんな属性間にも意味のある選択条件式を作れるわけではない．例えば，例 2.24 のテーブル「友人」で「氏名 = 進学先」や「出身都道府県 < 居住地」などは無意味である．また，数値をとる属性でも「体重 >BMI 標準体重」なら意味があるが，しかし「体重 < 身長」では意味を見出しにくい．

[*30] 日本語で書いたが，プログラミング言語では，If ... Then ... Else ... のことである．

次に，選択の特別な場合を説明する[*31]．それは，関係スキーマ R に含まれる属性 A について，そのドメイン $dom(A)$ に属する特定の値 $c(\in dom(A))$ を定め，各タプル t の $t[A]$ と比較する式

$$F = (A \; \theta \; 'c')$$

を選択条件式として利用する選択演算である．

例 2.26 図 2.30 のテーブルを入力とする．

友人

氏名	出身都道府県	在住地	
太郎	東京都	滋賀県	$= t_1$
次郎	北海道	北海道	$= t_2$
三郎	青森県	北海道	$= t_3$

図 2.30　本例の入力テーブル

このテーブルから「北海道に住む友人」に関するタプルを選択するイメージを図 2.31 に示す．

友人

氏名	出身都道府県	在住地
太郎	東京都	滋賀県
次郎	北海道	北海道
三郎	青森県	北海道

網掛けのタプルを削除 →

$\sigma_F(友人)$

氏名	出身都道府県	在住地
次郎	北海道	北海道
三郎	青森県	北海道

図 2.31　選択演算の過程

この選択を実現する選択条件式は

$$F = (在住地 = '北海道')$$

である．この選択演算がどのように計算されるかについて説明する．関係スキーマは入力テーブルと同一である．次にリレーションを計算するために，まず，選択条件式 $F = (在住地 = '北海道')$ によるタプルの真偽を次のように定める．各タプル $t \in r_{友人}$ に対して

もし $t[在住地] = '北海道'$ ならば，t は真，そうでなければ，t は偽

テーブル「友人」の各タプルについて，選択条件式の真偽を判定する．

$$t_1[在住地] = 滋賀県 \neq 北海道 \quad \hookrightarrow \quad t_1：偽$$
$$t_2[在住地] = 北海道 = 北海道 \quad \hookrightarrow \quad t_2：真$$
$$t_3[在住地] = 北海道 = 北海道 \quad \hookrightarrow \quad t_3：真$$

[*31] Codd は当初，これまで説明した選択を「制約」(restriction)，これから述べる特別な場合を「選択」と呼んだ．

真であるタプルのみを残すと，選択条件式 $F = ($在住地 $=$ '北海道'$)$ を真とするタプ
ル t_2, t_3 が選択され，図 2.31 の右側のテーブルが出力される．

　選択演算による出力テーブルは入力テーブルの関係スキーマと同一であり，属性がすべて保存され
ている．しかし，すべての属性が不要である場合もある．そのときは，「選択」と「射影」とを組み合
わせることによって対処する．

例 2.27　北海道に在住する友人の「氏名」だけを知りたければ，図 2.32 に示すように計算する．

友人

氏名	出身都道府県	在住地
太郎	東京都	滋賀県
次郎	北海道	北海道
三郎	青森県	北海道

選択 $\longrightarrow$

$\sigma_F($友人$)$

氏名	出身都道府県	在住地
次郎	北海道	北海道
三郎	青森県	北海道

射影 $\longrightarrow$

$\pi_{氏名}(\sigma_{在住地 = \text{'北海道'}}($友人$))$

氏名
次郎
三郎

図 2.32　射影演算と選択演算の組合せ

出力されたテーブルは選択，射影の順に演算を実行した結果である．

このように関係代数では演算を適切に組み合わせて，必要なデータを検索できる．

問題 2.7

例 2.27 の計算をタプルのレベルで確認せよ．

c 結合 (ジョイン)

　これまで説明した射影演算と選択演算は，縦横の違いはあれど，テーブルから必要なデータを切り
出して，入力テーブルより小さなテーブルを出力する演算であった．これに対して，ここで説明する
結合 (join) は大雑把にいえば，2 つの入力テーブルから，より大きな 1 つのテーブルを出力する演算
である．結合は原語 (英語) をそのまま音訳して「ジョイン」と呼ぶことが多い．

　大きなテーブルを作る演算といえば，すでに説明した直積演算がある．しかし，直積演算はタプル
のすべての組合せを機械的に作り出すに過ぎない．それらの組合せの中からユーザにとって意味のあ
るデータ，すなわち，情報を引き出すのが結合演算であり，その役割を担うのが**結合条件式**である．
なお，結合条件式の形式は選択条件式と同一である．使用する演算によって名称を変えているだけで

ある.

2 つの入力テーブル T と T' に結合条件式 $F = (A_i\,\theta\,A'_j)$ による結合演算を適用して得られる出力テーブルを $T \bowtie_F T'$ で表す．これを T と T' の結合条件式 F による**結合 (ジョイン)** という．結合の関係スキーマは 2 入力テーブルの直積の関係スキーマと一致する．結合のリレーションは直積のタプルから結合条件式を満たすタプルを集めればよい．以上を表 2.5 にまとめる．

表 2.5　結合演算

	入力テーブル		出力テーブル
	T	T'	$T \bowtie_F T'$ (ここで, $F = A_i\theta A'_j$)
関係スキーマ	$R_T(A_1,\ldots,A_m)$	$R_{T'}(A'_1,\ldots,A'_n)$	$R_{T\bowtie_F T'}(A_1,\ldots,A_m,A'_1,\ldots,A'_n)$
リレーション	r	r'	$\{\,tt' \in T \times T' \mid tt'[A_i]\,\theta\,tt'[A'_j]\,\}$

以上から，結合は直積，選択の順に入力テーブルに演算した結果である．

$$T \bowtie_F T' = \sigma_F(T \times T') \tag{2.8}$$

一般に直積はタプル数が膨大になるから，結合を計算する現実的な計算法が必須であるが，本書では詳細は省く．

例 2.28　図 2.33 は結合演算を実行する過程である．同図 (1) に示す学生の GPA と学科の平均 GPA に関する 2 つのテーブル「学生」「学科」が入力である．学生の GPA が学科の平均 GPA より大きいとき，その学生は第 1 希望の配属エントリができるとするとき，これらのテーブルから，各学生とエントリできる学科を検索しよう．

そのために，まず同図 (2) の左に示す直積「学生 × 学科」を構成する．次に同図 (2) の右に示すように，結合条件式「GPA ≧ 平均 GPA」によって，各タプルの真偽を評価する．その結果，「偽」と評価されたタプルには網掛けされている．

学生の GPA が学科の平均 GPA 以上であれば，エントリできる．よって，直積のテーブルから偽と判定されたタプル (網掛け部分) を削除すればよい．その結果，出力されるのが同図 (3) のテーブルである．これを結合条件式 $F = (\text{GPA} \geq \text{平均 GPA})$ によるテーブル「学生」と「学科」の結合といい，「学生 $\bowtie_F$ 学科」で表す．このテーブルから「太郎」は 3 学科すべてに，「次郎」は「知識科学」と「管理科学」の 2 学科に，「三郎」は「管理科学」の 1 学科にエントリできることが分かる．

学生

学生名	GPA	
太郎	3.8	$= t_1$
次郎	3.1	$= t_2$
三郎	2.7	$= t_3$

(1)

学科

学科名	平均 GPA	
データ科学	3.32	$= t'_1$
知識科学	2.95	$= t'_2$
管理科学	2.38	$= t'_3$

↕

学生 × 学科

(2)

学生名	GPA	学科名	平均 GPA	
太郎	3.8	データ科学	3.32	$t_1 t'_1[\text{GPA}] = 3.8 \geq 3.32 = t_1 t'_1[\text{平均 GPA}] \hookrightarrow 真$
太郎	3.8	知識科学	2.95	$t_1 t'_2[\text{GPA}] = 3.8 \geq 2.95 = t_1 t'_2[\text{平均 GPA}] \hookrightarrow 真$
太郎	3.8	管理科学	2.38	$t_1 t'_3[\text{GPA}] = 3.8 \geq 2.38 = t_1 t'_3[\text{平均 GPA}] \hookrightarrow 真$
次郎	3.1	データ科学	3.32	$t_2 t'_1[\text{GPA}] = 3.1 < 3.32 = t_2 t'_1[\text{平均 GPA}] \hookrightarrow 偽$
次郎	3.1	知識科学	2.95	$t_2 t'_2[\text{GPA}] = 3.1 \geq 2.95 = t_2 t'_2[\text{平均 GPA}] \hookrightarrow 真$
次郎	3.1	管理科学	2.38	$t_2 t'_3[\text{GPA}] = 3.1 \geq 2.38 = t_2 t'_3[\text{平均 GPA}] \hookrightarrow 真$
三郎	2.7	データ科学	3.32	$t_3 t'_1[\text{GPA}] = 2.7 < 3.32 = t_3 t'_1[\text{平均 GPA}] \hookrightarrow 偽$
三郎	2.7	知識科学	2.95	$t_3 t'_2[\text{GPA}] = 2.7 < 2.95 = t_3 t'_2[\text{平均 GPA}] \hookrightarrow 偽$
三郎	2.7	管理科学	2.38	$t_3 t'_3[\text{GPA}] = 2.7 \geq 2.38 = t_3 t'_3[\text{平均 GPA}] \hookrightarrow 真$

↕

学生 $\bowtie_F$ 学科

(3)

学生名	GPA	学科名	平均 GPA
太郎	3.8	データ科学	3.32
太郎	3.8	知識科学	2.95
太郎	3.8	管理科学	2.38
次郎	3.1	知識科学	2.95
次郎	3.1	管理科学	2.38
三郎	2.7	管理科学	2.38

図 2.33　結合演算の過程

比較演算子として，特に，等号 = を使った結合は**等結合** (equi-join) と呼ぶ.

例 2.29　図 2.34(1) に示す 2 つのテーブルはそれぞれ, 学生の rank と学科の rank のデータである. これらのテーブルから各学生がその rank に一致する学科を検索したい. そのためには, 同図 (2) の直積集合「学生 × 学科」を構成し, 学生の rank が学科の rank と一致するかどうか計算すればよい. 直積テーブルについて, 結合条件式 $F = ($学生.rank = 学科.rank$)$ によって, 各タプルの真偽を評価し, 「偽」と判定されたタプル (網掛け部分) を削除すれば, 同図 (3) のテーブルが出力される. これを結合条件式 $F = ($学生.rank = 学科.rank$)$ によるテーブル「学生」と「学科」の等結合と呼び, 「学生 $\bowtie_F$ 学科」で表す.

学生

学生名	rank
太郎	S
次郎	A
三郎	B

学科

学科名	rank
データ科学	S
知識科学	A
管理科学	B

(1)
- 学生: 太郎 S $= t_1$、次郎 A $= t_2$、三郎 B $= t_3$
- 学科: データ科学 S $= t_1'$、知識科学 A $= t_2'$、管理科学 B $= t_3'$

↕

学生 × 学科

学生名	学生.rank	学科名	学科.rank	
太郎	S	データ科学	S	$= t_1t_1'$
太郎	S	知識科学	A	$= t_1t_2'$
太郎	S	管理科学	B	$= t_1t_3'$
次郎	A	データ科学	S	$= t_2t_1'$
次郎	A	知識科学	A	$= t_2t_2'$
次郎	A	管理科学	B	$= t_2t_3'$
三郎	B	データ科学	S	$= t_3t_1'$
三郎	B	知識科学	A	$= t_3t_2'$
三郎	B	管理科学	B	$= t_3t_3'$

(2)

↕

学生 $\bowtie_F$ 学科

学生名	学生.rank	学科名	学科.rank
太郎	S	データ科学	S
次郎	A	知識科学	A
三郎	B	管理科学	B

(3)

図 2.34　等結合演算の過程

▶ **問題 2.8**

　例 2.28 を参考に，例 2.29 の直積テーブルの各タプルを結合条件式 $F = ($学生.rank $=$ 学科.rank$)$ によって真偽を評価せよ．

　2 つの入力テーブルを等結合すると，両者に同一の列が 2 つ存在し，一方が不要の場合がある．そこで，重複する属性を射影によって 1 つにした結果を 2 つの入力テーブルの**自然結合** (natural join) と呼ぶ．

例 2.30　自然結合を演算する過程を示した図 2.35 について説明する．同図 (1) は試験の素点について国語と数学の担当教員がそれぞれ作成したテーブルである．この 2 つのテーブルから各生徒の素点をまとめたテーブルを作りたい．そのためには例 2.29 と同様に，結合条件式 $F = ($国語.生徒名 $=$ 数学.生徒名$)$ による結合演算を実行すればよい．

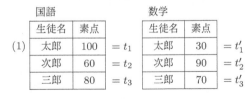

(1)

	国語			数学		
	生徒名	素点		生徒名	素点	
	太郎	100	$= t_1$	太郎	30	$= t_1'$
	次郎	60	$= t_2$	次郎	90	$= t_2'$
	三郎	80	$= t_3$	三郎	70	$= t_3'$

↕

国語 $\times$ 数学

(2)

国語.生徒名	国語.素点	数学.生徒名	数学.素点	
太郎	100	太郎	30	$= t_1 t_1'$
太郎	100	次郎	90	$= t_1 t_2'$
太郎	100	三郎	70	$= t_1 t_3'$
次郎	60	太郎	30	$= t_2 t_1'$
次郎	60	次郎	90	$= t_2 t_2'$
次郎	60	三郎	70	$= t_2 t_3'$
三郎	80	太郎	30	$= t_3 t_1'$
三郎	80	次郎	90	$= t_3 t_2'$
三郎	80	三郎	70	$= t_3 t_3'$

↕

国語 $\bowtie_F$ 数学

(3)

国語.生徒名	国語.素点	数学.生徒名	数学.素点
太郎	100	太郎	30
次郎	60	次郎	90
三郎	80	三郎	70

↕

国語 $*_F$ 数学

(4)

生徒名	国語.素点	数学.素点	
太郎	100	30	$= t_1 t_1'[$国語.生徒名, 国語.素点, 数学.素点$]$
次郎	60	90	$= t_2 t_2'[$国語.生徒名, 国語.素点, 数学.素点$]$
三郎	80	70	$= t_3 t_3'[$国語.生徒名, 国語.素点, 数学.素点$]$

図 2.35　自然結合演算の過程

　まず，同図 (2) に示す直積「国語 $\times$ 数学」を構成する．次に，異なる生徒のデータが 1 つのタプルに存在するのは意味がないので，そのようなタプルは結合条件式 $F = ($国語.生徒名 $=$ 数学.生徒名$)$ により「偽」と評価され，削除される（同図 (2) の網掛け部分）．その結果が同図 (3) に示すテーブル「国語」と「数学」の結合「国語 $\bowtie_F$ 数学」

である.

　しかし，出自の異なる属性「生徒名」に関する列が2つあり，その重複には意味がない．一方を3つの属性 $P = ($国語.生徒名, 国語.素点, 数学.素点$)$ への射影によって削除したのが同図 (4) に示すテーブルである．これを結合条件式 $F = ($国語.生徒名 = 数学.生徒名$)$ によるテーブル「国語」と「数学」の自然結合といい，「国語 $*_F$ 数学」と書く.

$$国語 *_F 数学 = \pi_P(国語 \bowtie_F 数学))$$

最後に得られたテーブルでは「生徒名」についてドット記法は不要となった.

d 商

　最後は「商」である．**商演算**は関係代数と関係論理の検索能力の等価性である関係完備性を議論するときに必要である．しかし，現実の検索ではあまり使用されず，また，後述のように他演算を組み合わせて定義できる．よって，初学者は本節を飛ばしてもよい．

　2つのテーブル T, T' がそれらの関係スキーマ $R_T, R_{T'}$ に含まれる全属性について，$A_{R_{T'}} \subseteq A_{R_T}$ が成り立つとする．T, T' に対する商演算 (割り算) を適用した結果を $T \div T'$ と書き，T を T' で割った**商** (division) という．数の割り算と同様に，T を割られるテーブル，T' を割るテーブルという．

例 2.31 図 2.36 に示す2つのテーブルを入力とし，左のテーブル「合格者」を右のテーブル「必修科目」で割る商演算を考える.

合格者

学生名	科目名	
太郎	データ科学	$= t_1$
太郎	人工知能	$= t_2$
太郎	記号論理学	$= t_3$
次郎	データ科学	$= t_4$
次郎	人工知能	$= t_5$
三郎	データ科学	$= t_6$
三郎	記号論理学	$= t_7$

必修科目

科目名	
データ科学	$= t'_1$
人工知能	$= t'_2$

図 2.36　本例の入力テーブル

各テーブルのリレーションをそれぞれ r, r' とする.

$$r = \{t_1, t_2, t_3, t_4, t_5, t_6, t_7\}, \quad r' = \{t'_1, t'_2\} = \{(データ科学), (人工知能)\}$$

テーブル「合格者」を「必修科目」で割り算するイメージを図 2.37 に示す.

太郎	データ科学
太郎	人工知能
太郎	記号論理学

↪「必修科目」で割れる.

次郎	データ科学
次郎	人工知能

↪「必修科目」で割れる.

三郎	データ科学
三郎	記号論理学

↪「必修科目」で割れない.

図 2.37　商演算のイメージ

実際に計算するために，割るテーブル「必修科目」に含まれない属性「学生名」[*32] で
テーブル「合格者」のタプルを分割する．

$$r = r_1 \cup r_2 \cup r_3$$
$$r_1 = \{t_1, t_2, t_3\}, \ r_2 = \{t_4, t_5\}, \ r_3 = \{t_6, t_7\}$$

これらは属性「学生名」の成分がそれぞれ「太郎」「次郎」「三郎」のタプルからなる集
合であり，以下が成り立つ．

$$r' \subseteq \{t[科目名] \mid t \in r_1\} = \{(データ科学), (人工知能), (記号論理学)\}$$
$$r' \subseteq \{t[科目名] \mid t \in r_2\} = \{(データ科学), (人工知能)\}$$
$$r' \not\subseteq \{t[科目名] \mid t \in r_3\} = \{(データ科学), (記号論理学)\}$$

図 2.37 で「割れる」と書いたのは r' を包含するタプルの集合 r_1, r_2 である．それらの
タプルから属性「学生名」の成分を切り出した結果を集めたのが商演算の出力テーブ
ル「合格者 ÷ 必修科目」のリレーション r'' となる．

$$
\begin{aligned}
r'' &= \ \{t[学生名] \mid t \in r_1\} \cup \{t[学生名] \mid t \in r_2\} \\
&= \ \{(太郎), (次郎)\}
\end{aligned}
$$

以上から，商演算の出力は図 2.38 に示すテーブルである．

合格者 ÷ 必修科目

学生名
太郎
次郎

図 2.38　商演算の出力

この結果から，すべての必修科目に合格したのは「太郎」さんと「次郎」さんの 2 名
であることが分かる．

[*32] 属性「学生名」はテーブル「合格者」の属性のうち，テーブル「必修科目」に現れない属性である．

商演算は射影演算と差演算，直積演算を組み合わせて表現できることが証明されている．

$$T \div T' = \pi_P(T) \setminus \pi_P((\pi_P(T) \times T') \setminus T) \tag{2.9}$$

ここで，P は A_{R_T} に含まれ $A_{R_{T'}}$ には含まれない属性の列である．また，「商」という演算名は

$$(T \times T') \div T' = T \tag{2.10}$$

が成り立つことに由来する．

2.3.4 実テーブルと導出テーブル，ビューテーブル

一般に，関係データベースは複数のテーブルから構成される．そのデータベースを直接，構成するテーブルを**実テーブル** (base table) という．一方，関係代数の演算による出力は**導出テーブル** (derived table) という．

データベース構築の基本的考え方に 3 層スキーマ構造があり，内部スキーマおよび概念スキーマ，外部スキーマの 3 層からデータベースを構成するものである．内部スキーマはデータベースの内部レベル，すなわち，データベースの物理レベルを規定する．概念スキーマは物理的制約に無関係にデータベース全体を論理的に表現する概念レベルに対応し，関係データベースでは関係モデルがそれを規定する．

しかし，各ユーザにとってはデータベース全体は不要であり，各ユーザの視点で，全データベース中から必要な部分を選んで，利用できればよい．つまり，関係代数を適切に使って，複数の実テーブルからユーザが必要とする部分のみを導出したテーブルがそのユーザにとってのデータベースである．このレベルを外部レベルといい，それを規定するのが外部スキーマである．外部スキーマを定義するためには，特別な役割を持つ導出テーブルを使用する．これを**ビューテーブル** (viewed table) と呼ぶ．

なお，ビューテーブルでデータを更新すると，データベース全体の一貫性が失われる場合があり，注意が必要である．これを**ビュー更新問題** (view update problem) という．SQL にはビューが更新可能になる条件の規定がある．

> **注** どんなデータベースシステムにせよ，データ独立性が高度に達成されていないと，一部の変更が多方向に波及して，収拾がつかなくなる恐れがある．そこで，データベースシステムでは**論理データ独立性**と**物理データ独立性**が要求され，それぞれ，データのプログラムからの，そして，物理的実装からの独立を目指す．このようなデータ独立性を実現するために，データベースは上記の 3 層スキーマ構造で構築されるべきである，というのが主流の考え方である．

➤ 第2章　練習問題

2.1 次のテーブルの関係スキーマとリレーションを求めよ.

学生

学生名	研究室名	学科名
太郎	知識情報学	知識科学
次郎	データ解析学	データ科学
三郎	データ解析学	データ科学

2.2 次のテーブルは入れ子型の非正規形である. これを第 1 正規化せよ. 第 1 正規化した後のテーブルの属性は「授業名」「学生名」「学科名」とする.

授業名	学生	
	学生名	学科名
人工知能	太郎	データ科学
	次郎	知識科学
	三郎	データ科学
統計学	太郎	データ科学
	三郎	データ科学

2.3 敵味方のゲームキャラクタの戦闘力 (CP) のテーブルが与えられたとする. 例 2.28 にならって, 結合条件式 $F = ($ 敵.CP$<$ 味方.CP$)$ によるテーブル「敵」と「味方」の結合を求めよ.

敵

名前	CP
悪魔	100
鬼	800
大魔王	6000

味方

名前	CP
天使	500
大天使	2900
神	10000

2.4 路線に関するテーブル「地下鉄」と「私鉄」を考える．相互乗り入れするためには，路線のゲージ (左右のレールの間隔) が一致する必要がある．話を単純にするため各路線は必ず他の路線と接続すると仮定するとき，例 2.29 にならって，結合条件式「地下鉄.ゲージ＝私鉄.ゲージ」によるテーブル「地下鉄」と「私鉄」の等結合を求めよ．その結果から，相互乗り入れできる地下鉄と私鉄の組合せを列挙せよ．

地下鉄

路線名	ゲージ
A 線	狭軌
S 線	標準軌

私鉄

路線名	ゲージ
P 急	狭軌
Q 急	標準軌
R 急	広軌

2.5 例 2.30 と同じテーブル「国語」と「数学」から，数学の素点のほうがよい人を検索したい．結合条件式「国語 < 数学」によって 2 つのテーブルを自然結合せよ．

{ 第 **3** 章 }

SQL と正規化

　本章では，2.3 節の関係代数を踏まえて，3.1 節では SQL について，データ検索に関係する SELECT 文と JOIN 文を中心にその概略を説明する．文法は MySQL に準拠する．3.2 節では関数従属性による正規化の基本を説明する．これは関係スキーマの設計理論の基礎である．本書の主目的はデータベース利用が中心なので，設計の問題は深入りしない．しかし，実際にデータベースを利用すると，データベースが複数のテーブルで管理されることに直面する．そこで，なぜ複数のテーブルで管理するのか，その理解を深めることは，データベースの利用を中心とするユーザにとっても重要である．そこで，3.2 節では正規化の初歩として，第 3 正規形までを説明する．

➤ 3.1 SQL

国際標準である SQL は次の 3 つの言語から構成される．

(1) データ定義言語 (Data Definition Language：DDL)
(2) データ操作言語 (Data Manipulation Language：DML)
(3) データ制御言語 (Data Control Lnguage：DCL)

データサイエンスにおけるデータベースの活用が本書の主目的であるから，本節では SQL におけるデータ操作，中でもデータ検索 (SQL では「問い合わせ」という) に関係する部分を中心に，オープンソースのデータベース管理システムの 1 つである MySQL に準拠して説明する．本節の最後に，データ定義とデータ管理に関して簡単に触れる．

　SQL は関係データベースに対する言語，しかも国際標準の言語にもかかわらず，データの表現は関係モデルのリレーションとは異なり，タプルの集合ではなく，「行」から構成されるテーブルである．いくつかの教科書では SQL のテーブルの実体は行のマルチ集合[*1] であると説明されている．マルチ集合は参考 2.1(18〜19 ページ) で触れたように集合概念の拡張の一種であり，要素の順序は問わない

[*1] マルチ集合はバグ (bag) ともいう．虫 (bug) ではなく，ハンドバッグの「バッグ」である．

一方，出現回数には意味がある．よって，SQL のテーブルの実体がマルチ集合であるならば，各行の重複には意味があり，並ぶ順序には意味がない．

3.1.1 データ検索

本節では SQL におけるデータ検索についてその概要を説明する．関係代数では 8 つの演算が用意されていた．それに対して，SQL では基本的なデータの問い合わせは SELECT 文 1 つで済ますことができる[2]．

まず，テーブルに存在するすべてのデータを検索してみよう．

例 3.1 テーブル「履修」からすべてのデータを検索せよ．

履修

学生名	授業名	素点
太郎	人工知能	90
次郎	人工知能	80
太郎	データ科学	70
三郎	データ科学	80

→ SELECT *
FROM 履修; →

履修

学生名	授業名	素点
太郎	人工知能	90
次郎	人工知能	80
太郎	データ科学	70
三郎	データ科学	80

図 3.1 本例のテーブル

テーブル「履修」から (FROM 履修)，全属性のデータを選択せよ (SELECT *)，という意味である．「*」は全属性を表す．図 3.1 では見やすくするために命令を 2 行に分けたが，1 行にまとめて書いてもよい．

$$\text{SELECT * FROM 履修;}$$

命令の最後に「;」(半角) を打つ約束がある．

a 射影と選択

SELECT 文の後に属性を書くと，「射影」に対応する問い合わせとなる．

例 3.2 テーブル「履修」から学生名を検索せよ．

履修

学生名	授業名	素点
太郎	人工知能	90
次郎	人工知能	80
太郎	データ科学	70
三郎	データ科学	80

→ SELECT 学生名
FROM 履修; →

学生名
太郎
次郎
太郎
三郎

図 3.2 本例のテーブル

---

[2] 「結合」も後述のように JOIN 文があるが，SELECT 文でも記述できる．和と積，差は別の文が用意される．

この結果と関係代数の射影との違いは，SQL では重複する「太郎」を削除しないことである．デフォルトで重複を省かない理由は後述する．

重複が不要な場合は，次のように DISTINCT 指定をする．

例 3.3　テーブル「履修」から学生名を重複なく検索せよ．

履修

学生名	授業名	素点
太郎	人工知能	90
次郎	人工知能	80
太郎	データ科学	70
三郎	データ科学	80

SELECT DISTINCT 学生名
FROM 履修;

学生名
太郎
次郎
三郎

図 3.3　本例のテーブル

次に，SELECT 文で「選択」に対応する問い合わせをするには，WHERE の後に選択条件式を書けばよい．

例 3.4　テーブル「社員」から 40 歳以下の社員のデータを検索せよ．

社員

社員名	年齢
太郎	41
次郎	35
三郎	35

SELECT *
FROM 社員
WHERE 年齢 <= 40;

社員名	年齢
次郎	35
三郎	35

図 3.4　本例のテーブル

選択条件式では，関係代数の比較演算子 $=, <, >, \neq, \leq, \geq$ を使うことができる．SQL では，これらのうち，$\neq, \leq, \geq$ をそれぞれ<>, <=, >=で表す．

複数の条件式を論理演算子 NOT(でない)，AND(かつ)，OR(または) で組み合わせることもできる[3]．

例 3.5　テーブル「履修」から人工知能で 80 点以上の素点の学生名を検索せよ．

履修

学生名	授業名	素点
太郎	人工知能	90
次郎	人工知能	80
太郎	データ科学	70
三郎	データ科学	80

SELECT 学生名
FROM 履修
WHERE (授業名='人工知能' AND 素点 >= 80);

学生名
太郎
次郎

図 3.5　本例のテーブル

[3] F, F' を選択条件式とするとき，(NOT F)，(F AND F')，(F OR F') も選択条件式である．条件式を論理演算子でつなげたものは括弧 ( ) で囲む

SQL ではこの例の'人工知能' のように，文字列はシングルクォテーション「'」で囲む．

b BETWEEN 演算子，IN 演算子など

SQL の条件式では比較演算子に加えて，BETWEEN，IN，LIKE，NULL の演算子が使用できる．以下，これらの使用例を挙げる．

例 3.6 テーブル「友人」から年齢が 20 歳代 (20 歳以上 29 歳以下) の名前を検索せよ．

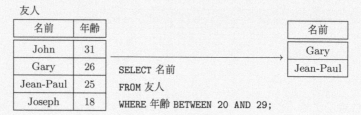

友人

名前	年齢
John	31
Gary	26
Jean-Paul	25
Joseph	18

SELECT 名前
FROM 友人
WHERE 年齢 BETWEEN 20 AND 29;

名前
Gary
Jean-Paul

図 3.6　本例のテーブル

条件式「年齢 BETWEEN 20 AND 29」は，比較演算子と AND 演算子を使って「(年齢>=20 AND 年齢<=29)」と書くこともできる．

例 3.7 テーブル「履修」から成績が「B」か「C」の学生の学生名と授業名を検索せよ．

履修

学生名	授業名	成績
太郎	人工知能	S
次郎	人工知能	B
太郎	データ科学	A
三郎	データ科学	C

SELECT 学生名, 授業名
FROM 履修
WHERE 成績 IN ('B','C');

学生名	授業名
次郎	人工知能
三郎	データ科学

図 3.7　本例のテーブル

条件式「成績 IN ('B','C')」は，比較演算子と OR 演算子を使って「(成績='B' OR 成績='C')」と書くこともできる．

例 3.8 テーブル「友人」から名前の前方 2 文字が'Jo' であるような友人のデータを検索せよ．

友人

名前	年齢
John	31
Gary	26
Jean-Paul	25
Joseph	18

SELECT *
FROM 友人
WHERE 名前 LIKE 'Jo%';

名前	年齢
John	31
Joseph	18

図 3.8　本例のテーブル

「%」は長さ0文字以上の任意の文字列を表す．任意の1文字の場合は記号「_」を使う．これらを用いると，前方一致だけではなく，中間および後方一致も可能である．

例 3.9 テーブル「クラスメート」から年齢が分からないクラスメートの名前を検索せよ．

図 3.9　本例のテーブル

逆に空値でないデータを求める場合は IS NOT NULL とする．

例 3.10 テーブル「クラスメート」から年齢が既知のクラスメートの名前を検索せよ．

図 3.10　本例のテーブル

c 集計関数を利用した統計計算

SQL では検索したデータについて統計計算をするために，集計関数 SUM(和)，AVG(平均値)，MAX(最大値)，MIN(最小値) などが用意されている．これらはもちろん関係代数にはない．

例えば，検索したデータについて AVG で平均値を求めるときは，データの重複は省けない．

例 3.11 テーブル「社員」から社員の平均年齢を求めよ．

図 3.11　本例のテーブル

まず，テーブル「社員」を属性「年齢」に射影してから，平均値 $\frac{41+35+35}{3} = 37$ を求

めている．もし，このプロセスにおいて，関係代数のように自動的に重複を削ると，間違った答え $\frac{41+35}{2} = 38$ が出力される．SQL では，このように SELECT 文の後は属性だけでなく，属性からなんらかの計算した結果も書くことができる．

一般に計算結果などの列に AS を使って名前をつけることができる．

例 3.12 テーブル「社員」から社員の最高年齢を求めよ．

社員

社員名	年齢
太郎	41
次郎	35
三郎	35

SELECT MAX(年齢) AS 最高年齢
FROM 社員;

最高年齢
41

図 3.12　本例のテーブル

d グループ化とソート

次は，グループ化の例である．

例 3.13 テーブル「履修」から平均点 80 点以上の学生の学生名とその平均点を求めよ．

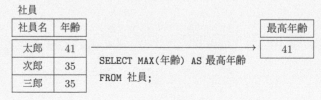

履修

学生名	授業名	素点
太郎	人工知能	70
太郎	統計学	100
太郎	数理論理学	100
次郎	人工知能	60
次郎	統計学	80

SELECT 学生名, AVG(素点)
FROM 履修
GROUP BY 学生名
HAVING AVG(素点) >= 80;

学生名	AVG(素点)
太郎	90

図 3.13　本例のテーブル

これは，学生の「学生名」ごとにタプルのグループを作って (GROUP BY 学生名)，グループの中で「素点」の平均点を計算し，HAVING の後の条件を満たすグループの学生名と平均点を出力している．「次郎」は平均 70 なので，出力から外れている．

ソートの機能もある．ORDER BY の後で並び替える属性を指定する．昇順，降順はそれぞれ，ASC，DESC で指定する．デフォルトは昇順であるから，昇順に並べ替えるときは ASC を省略できる．

例 3.14　テーブル「社員」を社員の年齢の高い順に並び替えよ.

社員

社員名	年齢
太郎	41
次郎	35
三郎	35

```
SELECT *
FROM 社員
ORDER BY 年齢 DESC;
```

社員名	年齢
太郎	41
次郎	35
三郎	35

図 3.14　本例のテーブル

e 結合

　SELECT 文を 2 つのテーブルに適用すると,「結合[*4]」演算に対応する. WHERE の後が結合条件式である.

例 3.15　2 つのテーブル「学生」「学科」を結合条件式 (学生.rank = 学科.rank) によって (等) 結合せよ.

学生

学生名	rank
太郎	S
次郎	A
三郎	B

学科

学科名	rank
データ科学	S
知識科学	A
管理科学	B

```
SELECT 学生.*, 学科.*
FROM 学生, 学科
WHERE 学生.rank = 学科.rank;
```

学生名	rank	学科名	rank
太郎	S	データ科学	S
次郎	A	知識科学	A
三郎	B	管理科学	B

図 3.15　本例のテーブル

　結合条件式を指定しなければ, 単なる「直積」になる.

[*4] 本節の最後に説明する外部結合に対して, 通常の結合を内部結合という場合がある.

例 3.16 2つのテーブルの直積を作れ．

学生

学生名	rank
太郎	S
次郎	A
三郎	B

学科

学科名	rank
データ科学	S
知識科学	A
管理科学	B

$\xrightarrow{}$

```
SELECT 学生.*, 学科.*
FROM 学生, 学科;
```

学生名	rank	学科名	rank
太郎	S	データ科学	S
太郎	S	知識科学	A
太郎	S	管理科学	B
次郎	A	データ科学	S
次郎	A	知識科学	A
次郎	A	管理科学	B
三郎	B	データ科学	S
三郎	B	知識科学	A
三郎	B	管理科学	B

図 3.16　本例のテーブル

　結合を JOIN 文で直接書く方法もある．この場合は「SELECT *」でよい．結合条件式は ON の後に書く．

例 3.17 2つのテーブル「学生」「学科」を結合条件式 (学生.rank = 学科.rank) によって (等) 結合せよ．

学生

学生名	rank
太郎	S
次郎	A
三郎	B

学科

学科名	rank
データ科学	S
知識科学	A
管理科学	B

$\xrightarrow{}$

```
SELECT *
FROM 学生 JOIN 学科
ON 学生.rank = 学科.rank;
```

学生名	rank	学科名	rank
太郎	S	データ科学	S
次郎	A	知識科学	A
三郎	B	管理科学	B

図 3.17　本例のテーブル

　そのため，結合した出力結果にさらに WHERE の後に条件を付加できる．

例3.18　2 つのテーブル「学生」「学科」を学生の rank と学科の rank が 'S' で一致するように
結合せよ.

学生	
学生名	rank
太郎	S
次郎	A
三郎	B

学科	
学科名	rank
データ科学	S
知識科学	A
管理科学	B

学生名	rank	学科名	rank
太郎	S	データ科学	S

```
SELECT *
FROM 学生 JOIN 学科
ON 学生.rank = 学科.rank
WHERE 学生.rank = 'S';
```

図 3.18　本例のテーブル

自然結合は NATURAL JOIN 文で実行できる.

例3.19　2 つのテーブル「学生」「学科」を自然結合せよ.

学生	
学生名	rank
太郎	S
次郎	A
三郎	B

学科	
学科名	rank
データ科学	S
知識科学	A
管理科学	B

rank	学生名	学科名
S	太郎	データ科学
A	次郎	知識科学
B	三郎	管理科学

```
SELECT *
FROM 学生 NATURAL JOIN 学科;
```

図 3.19　本例のテーブル

NATURAL JOIN 文は 2 つのテーブルに共通するすべての属性について等結合を実行するので, 選択条
件式は不要である.
　JOIN 文では属性の値に共通する行のみが出力結果に残る. 一方のテーブルの JOIN 文では捨てられ
るデータを残したい場合がある. そのために, SQL には外結合 OUTER JOIN が用意されている. 左,
右のどちらを残すかに対応して, それぞれ, LEFT, RIGHT をつける. 空値は NULL となる. 以下にそ
れぞれの例を示す.

例 3.20 2つのテーブル「学生」「学科」を左外結合せよ.

学生

学生名	rank
太郎	S
次郎	A
三郎	B

学科

学科名	rank
データ科学	S
知識科学	A
管理科学	A

学生名	rank	学科名	rank
太郎	S	データ科学	S
次郎	A	知識科学	A
次郎	A	管理科学	A
三郎	B	NULL	NULL

```
SELECT *
FROM 学生 LEFT OUTER JOIN 学科
ON 学生.rank = 学科.rank;
```

図 3.20　本例のテーブル

例 3.21 2つのテーブル「学生」「学科」を右外部結合せよ.

学生

学生名	rank
太郎	S
次郎	A
三郎	A

学科

学科名	rank
データ科学	S
知識科学	A
管理科学	B

学生名	rank	学科名	rank
太郎	S	データ科学	S
次郎	A	知識科学	A
三郎	A	知識科学	A
NULL	NULL	管理科学	B

```
SELECT *
FROM 学生 RIGHT OUTER JOIN 学科
ON 学生.rank = 学科.rank;
```

図 3.21　本例のテーブル

f 副問い合わせ

WHERE の後に SELECT 文を書くことができて，**副問い合わせ** (subquery) という.

例 3.22 2つのテーブル「学生」「履修」から人工知能を履修する学生の名前と所属する研究室名を検索せよ.

学生

学生名	研究室名	学科名
太郎	知識情報学	知識科学
次郎	データ解析学	データ科学
三郎	データ解析学	データ科学

履修

学生名	授業名	成績
太郎	人工知能	S
太郎	統計学	A
次郎	人工知能	C
次郎	統計学	B
次郎	数理論理学	A
三郎	統計学	S

学生名	研究室名
太郎	知識情報学
次郎	データ解析学

```
SELECT 学生名, 研究室名
FROM 学生
WHERE 学生名 IN
    (SELECT 学生名
      FROM 履修
      WHERE 授業名 = '人工知能');
```

図 3.22　本例のテーブル

この問い合わせは副問い合わせを使わずに書くことができる.

```
SELECT 学生.学生名, 研究室名
FROM 学生, 履修
WHERE 学生.学生名 = 履修.学生名
    AND 授業名 = '人工知能';
```

しかし, この問い合わせはやや複雑である. 逆に言えば, 最初から複雑な問い合わせを作らなくても, 副問い合わせによってステップを踏んでデータを検索できることが分かる[*5].

3.1.2 データベースの定義・更新・管理

SQL で関係データベースを作成する手順としては

(1) データベース (の枠) を作る：CREATE DATABASE 文[*6]
(2) テーブル (実際は関係スキーマ) を作る：CREATE TABLE 文[*7]
(3) データを作る：INSERT 文 (行の挿入), DELETE 文 (行の削除), UPDATE 文 (値の更新)

[*5] 1 つの結合演算の問い合わせに帰着できない副問い合わせもある.
[*6] 他に, 一度作成したデータベースを利用する USE 文, 削除する DROP DATABASE 文, 作成したデータベースの一覧を表示する SHOW DATABASE 文などがある.
[*7] 削除は DROP TABLE 文.

となる．本節では関係スキーマを定義する CREATE TABLE 文を中心に説明する．

例 3.23 2 つのテーブル「社員」「都道府県」を考える．

社員

社員 ID	氏名	出身都道府県	年齢
1	太郎	北海道	41
2	次郎	沖縄	35
3	三郎	三重	35

都道府県

県名	県庁所在地
北海道	札幌
⋮	⋮
三重	津
⋮	⋮
沖縄	那覇

図 3.23　本例のテーブル

上の左のテーブル「社員」の関係スキーマを定義するのが，次の CREATE TABLE 文である[8]．

```
CREATE TABLE 社員           → 「社員」というテーブル (関係スキーマ) を作る
(社員 ID       INT NOT NULL,      → 整数型，空値不可
 氏名          VARCHAR(8) NOT NULL,  → 最大 8 桁の可変長文字列型，空値不可
 出身都道府県   VARCHAR(3),        → 最大 3 桁の可変長文字列型
 年齢          INT,             → 整数型
 PRIMARY KEY (社員 ID),         → 主キーを設定
 FOREIGN KEY (出身都道府県),      → 参照整合性制約を設定：「出身都道府県」が外部キー
 REFERENCE 都道府県 (県名),       → テーブル「都道府県」の列「県名」を参照する
 CHECK(年齢 BETWEEN 15 AND 70) ); → ドメイン制約を設定：15≤ 年齢 ≤ 70
```

CREATE TABLE 文は引数としてテーブル名をとり，その後ろの () 内に属性や一貫性制約などを書く．属性のドメインはデータ型で定義される．属性「社員 ID」「年齢」のデータ型は数値型の中でも整数型 INT である．数値型には他にプログラミング言語でもおなじみの実数型 FLOAT，DOUBLE などがある．負数が不要なら，UNSIGNED と指定する．

属性「年齢」では，ドメイン制約が設定され，BETWEEN によって 15〜70 のデータのみ入力が可能である．また，属性「社員 ID」は主キー (PRIMARY KEY) で，かつ空値不可 (NOT NULL) と指定されている．属性「氏名」のように主キー以外でも管理者の判断で空値不可の指定ができる．

属性「氏名」と「出身都道府県」は文字列型で，ともに可変長 (VARCHAR(n)) である．入力される文字列の長さが一定，例えば n 文字なら，固定長文字列型 CHAR(n) を

---

[8] 2.1.5 節の最後で述べたように，関係スキーマは次節で説明する正規化などを使ってデータベース運用前に十分吟味して事前に作成するのが建前である．しかし，SQL にはインタラクティブに関係スキーマを変更できる ALTER TABLE 文がある．

使う．都道府県名は長さは 2〜3 なので最大 3 文字 (VARCHAR(3))，氏名は 8 文字を超えないであろうという予測のもと，最大 8 文字 (VARCHAR(8)) としている．

　属性「出身都道府県」については参照整合性制約も定義されている．すなわち，REFERENCE で別のテーブル「都道府県」の属性「県名」が参照され，空値でなければ，そこにあるデータ以外が入力できないようになっている．

CREATE TABLE 文で定義されたテーブルは実テーブルとなる．実テーブルから外部スキーマに相当するビューテーブルを定義するには CREATE VIEW 文を利用する．

問題 3.1

　例 3.23 のテーブル「都道府県」を CREATE TABLE 文で定義せよ．なお，参照整合性で参照される側のテーブルでは，参照されることを定義する必要はない．

データの更新には INSERT 文 (行の挿入)，DELETE 文 (行の削除)，UPDATE 文 (値の更新) が用意されている．また，管理者ユーザであれば，ユーザの作成やユーザへの権限付与などを実行できる．

　最後に，SQL の関係完備性について触れる．関係代数は数学的視点からは「和」「差」「直積」「射影」「選択」の 5 演算で本質的に構成されるので，これらが SQL で表現できればよい．すでに，後の三者は確認した．残る「和」と「差」にはそれぞれ「UNION」「EXCEPT」が用意されている．

```
SELECT * FROM (テーブル 1) UNION SELECT * FROM (テーブル 2)
SELECT * FROM (テーブル 1) EXCEPT SELECT * FROM (テーブル 2)
```

以上から，SQL は関係完備であることが分かる．

➤ 3.2　正規化

関係データベースでは，49 ページで述べたように一般にデータを複数のテーブルで管理する．すべてのデータを 1 つのテーブルで管理すると，複数の内容のデータが混在し，データを更新するとき問題が発生する場合があるからである．そこで，データベースを構成する属性をそれらの間に成り立つ関数従属性という一種の支配関係に着目して分類し，分類された属性でそれぞれ関係スキーマを構成する．それを基礎づけるのが Codd が提案した関数従属性に基づく正規化である．

▶ 3.2.1 更新時異常

すべてのデータを1つのテーブルで管理すると生じる問題を**更新時異常** (update anomaly) と呼び，次の3つが知られている．

(1) **挿入時異常** (insertion anomaly)
(2) **削除時異常** (deletion anomaly)
(3) **修正時異常** (modification anomaly)

これらについて，まず，例 3.24 で確認する．

例 3.24 図 3.24 に示すテーブルで表現されるリレーションはある大学の学生に関するデータである．このリレーションの主キーは $K =$ (学生名, 授業名) であることに注意する．

学生データ

学生名	研究室名	学科名	授業名	開講時期	成績
太郎	知識情報学	知識科学	人工知能	2年前期	S
太郎	知識情報学	知識科学	統計学	1年後期	A
次郎	データ解析学	データ科学	人工知能	2年前期	C
次郎	データ解析学	データ科学	統計学	1年後期	B
次郎	データ解析学	データ科学	数理論理学	2年後期	A
三郎	データ解析学	データ科学	統計学	1年後期	S

図 3.24　本例のテーブル

(1) 挿入時異常：新たな学生「四郎」さんが「知識情報学」研究室に転入することになった．このとき，例えば，「四郎」さんの単位の振替作業が完了していなければ，「四郎」さんの「授業名」に関するデータが空値 (図 3.25 の濃い網掛け) になり，主キー制約に違反する．よって，振替作業が完了するまで，「四郎」さんに関するデータのタプル (図 3.25 の網掛け) を挿入できない．

学生データ

学生名	研究室名	学科名	授業名	開講時期	成績
太郎	知識情報学	知識科学	人工知能	2年前期	S
太郎	知識情報学	知識科学	統計学	1年後期	A
次郎	データ解析学	データ科学	人工知能	2年前期	C
次郎	データ解析学	データ科学	統計学	1年後期	B
次郎	データ解析学	データ科学	数理論理学	2年後期	A
三郎	データ解析学	データ科学	統計学	1年後期	S
四郎	知識情報学	知識科学	－	－	－

図 3.25　挿入時異常

(2) 削除時異常：学生「次郎」さんが他の大学に転出することになった．そこで「次郎」さんに関するタプルを削除する (図 3.26 の網掛け) と，もし「数理論理学」の履修者が「次郎」さん 1 人ならば，その授業の開講に関するデータ (図 3.26 の濃い網掛け) も同時に削除されてしまう．

学生データ

学生名	研究室名	学科名	授業名	開講時期	成績
太郎	知識情報学	知識科学	人工知能	2 年前期	S
太郎	知識情報学	知識科学	統計学	1 年後期	A
次郎	データ解析学	データ科学	人工知能	2 年前期	C
次郎	データ解析学	データ科学	統計学	1 年後期	B
次郎	データ解析学	データ科学	数理論理学	2 年後期	A
三郎	データ解析学	データ科学	統計学	1 年後期	S

図 3.26　削除時異常

(3) 修正時異常：授業の「統計学」の「開講時期」が「1 年後期」から「2 年前期」に変更されるとする．このとき，履修者のデータ (図 3.27 の網掛け) をすべて修正する必要が生じる．

学生データ

学生名	研究室名	学科名	授業名	開講時期	成績
太郎	知識情報学	知識科学	人工知能	2 年前期	S
太郎	知識情報学	知識科学	統計学	2 年前期	A
次郎	データ解析学	データ科学	人工知能	2 年前期	C
次郎	データ解析学	データ科学	統計学	2 年前期	B
次郎	データ解析学	データ科学	数理論理学	2 年後期	A
三郎	データ解析学	データ科学	統計学	2 年前期	S

図 3.27　修正時異常

3.2.2　関数従属性

　例 3.24 から，テーブルにデータの内容に関するまとまりが複数あって，それが更新時異常の原因であると考えられる．例えば，(1) で学生個人のデータが挿入不可となったのは履修に関するデータがないためである．(2) では，学生個人のデータと一緒に，授業開講に関するデータも削除された．(3) では，授業開講に関するデータ変更の作業が学生の履修状況に影響を受けている．このように，例 3.24 のテーブルは「学生個人」「履修状況」「授業開講」に関する 3 つのデータのまとまりが混在すると予想できる．

　しかし，このデータのまとまりを実際どう特定するのか？　管理者の主観で決めるわけにはいかない．そこで，何をもってデータが「1 つの」内容としてまとまるのか，その客観的基準が必要である．Codd はこれを解決するために関数従属性という概念を提案した．これは属性間の支配関係に関する

性質である．まず，これを例 3.25 で説明する．

例 3.25 例 3.24 のテーブルにおける主キーを構成するキー属性「学生名」「授業名」について，他の非キー属性「研究室名」「学科名」「開講時期」「成績」との関係を考える．

まず，非キー属性「研究室名」について，1 人の学生が複数の研究室に所属することはない．すなわち，学生を 1 人特定すれば，その学生が所属する研究室名のデータは一意的に定まる．このとき，関数従属性

$$学生名 \rightarrow 研究室名$$

が成り立つという．非キー属性「学科名」についても同様に，関数従属性

$$学生名 \rightarrow 学科名$$

が成り立つ．これら 2 つの関数従属性をあわせて

$$学生名 \rightarrow 研究室名, 学科名$$

と書く．

非キー属性「開講時期」は授業ごとに決まっているので，関数従属性

$$授業名 \rightarrow 開講時期$$

が成り立つ．

一方，非キー属性「成績」については状況が異なる．すなわち，1 人の学生を決めても，一般に授業によって成績は異なるし，1 つの授業についても学生ごとに成績は異なる．しかし，学生を 1 人決めて，授業を 1 つ決めてやれば，成績は一意的に定まる．これを関数従属性

$$学生名, 授業名 \rightarrow 成績$$

が成り立つという．

では，関数従属性はどのように定義されるのであろうか．例 3.26 で説明する．

例 3.26 例 3.24 のテーブルの各行のタプルを図 3.28 に示す通り $t_1, \ldots, t_6$ とする.

学生データ

学生名	研究室名	学科名	授業名	開講時期	成績	
太郎	知識情報学	知識科学	人工知能	2 年前期	S	$= t_1$
太郎	知識情報学	知識科学	統計学	1 年後期	A	$= t_2$
次郎	データ解析学	データ科学	人工知能	2 年前期	C	$= t_3$
次郎	データ解析学	データ科学	統計学	1 年後期	B	$= t_4$
次郎	データ解析学	データ科学	数理論理学	2 年後期	A	$= t_5$
三郎	データ解析学	データ科学	統計学	1 年後期	S	$= t_6$

図 3.28　本例のテーブル

まず，属性「学生名」「研究室名」について「学生名」のデータが決まれば，「研究室名」のデータが決まることは直観的に理解できる．学生が 2 つ以上の研究室に同時に所属できないからである．このとき，テーブルに $t[$ 学生名 $] = t'[$ 学生名 $]$ となるタプル t, t' について，$t[$ 研究室名 $] \neq t'[$ 研究室名 $]$ となることはあり得ない.

実際，属性「学生名」が「太郎」さんのタプルは t_1, t_2 の 2 つあって（$t_1[$ 学生名 $] =$ 太郎 $= t_2[$ 学生名 $]$），このとき確かに，$t_1[$ 研究室名 $] =$ 知識情報学 $= t_2[$ 研究室名 $]$ が成り立つ．すなわち，関係従属性「学生名 → 研究室名」が成り立つのは，任意のタプル t, t' について

$$t[\text{学生名}] = t'[\text{学生名}] \text{ ならば } t[\text{研究室名}] = t'[\text{研究室名}]$$

が成り立つときである.

ここで注意すべき点は，属性「学生名」だけでは主キーとならないので，「学生名」のデータが等しいタプルが t_1 と t_2 のように複数存在する可能性があることである．「次郎」さんなら，t_3, t_4, t_5 の 3 つのタプルがある.

関数従属性「学生名 → 学科名」についても同様に考えれば，任意のタプル t, t' について

$$t[\text{学生名}] = t'[\text{学生名}] \text{ ならば } t[\text{学科名}] = t'[\text{学科名}]$$

が成り立つときである.

以上 2 つの条件をまとめて

$$t[\text{学生名}] = t'[\text{学生名}] \text{ ならば } t[\text{研究室名}, \text{学科名}] = t'[\text{研究室名}, \text{学科名}]$$

と書ける.

次に，関数従属性「授業名 → 開講時期」についても同様に，任意のタプル t, t' について

$$t[\text{授業名}] = t'[\text{授業名}] \text{ ならば } t[\text{開講時期}] = t'[\text{開講時期}]$$

が成り立つときである．ここでも，属性「授業名」単独では主キーとならないので「授業名」のデータが等しいタプルが t_1 と t_3 のように複数存在する可能性がある．

　最後に，関数従属性「学生名, 授業名 → 成績」について，左辺の (学生名, 授業名) はこのテーブルの主キーであるから，「学生名」と「授業名」のデータが等しいタプルは1つしか存在せず，「成績」の値は空値の場合も含めて自動的に1つしかない．この場合も，任意のタプル t, t' について

$$t[学生名, 授業名] = t'[学生名, 授業名] \text{ ならば } t[成績] = t'[成績]$$

が成り立つ[*9]．

以上を踏まえて，関数従属性の定義を述べる．

定義3.1　関数従属性

　関係スキーマ R の属性列 A_R に対して，X, Y をその部分列とする．関係スキーマ R において「$X \to Y$」という**関数従属性** (functional dependency) が成り立つのは，R のどのインスタンス r についても，その任意のタプル $t, t' \in r$ について

$$t[X] = t'[X] \text{ ならば } t[Y] = t'[Y] \tag{3.1}$$

が成り立つときである．このとき，X をこの関数従属性の左辺，Y を右辺と呼び「右辺 Y の各属性は左辺 X に関数従属する」という．

この定義で $X = Y$ の場合を考えると，$t[X] = t'[X]$ ならば $t[X] = t'[X]$ は明らかに成り立ち，$X \to X$ を自明 (trivial) な関数従属性という[*10]．

　例 3.24 で考えたテーブルから

$$学生個人データ：学生名 \to 研究室名, 学科名$$
$$授業開講データ：授業名 \to 開講時期$$
$$履修状況データ：学生名, 授業名 \to 成績$$

のように関数従属性がデータの1つのまとまりを束ねるという考え方が発想される．しかし，関数従属性に関してもう少し考察する必要がある．

[*9] 「任意のタプル t, t' について」とは「任意の異なる2つのタプル t, t' について」ではない．t, t' は異なっても同一でもよい．「そのすべての組合せに関して」という意味である．よって，$t \neq t'$ とはなりえない場合も，1つの $t (= t')$ について主張が成立すればよいのである．

[*10] これは記号論理学の法則である同一律「p ならば p」（p は命題）に対応し，記号論理学の恒真式や公理に相当する重要な法則である．しかし，自明な関数従属性は応用の観点からはあまり意味がない．

3.2.3　完全関数従属性と第 2 正規形

関数従属性については，その論理的性質を規定する Armstrong の公理系など記号論理学と同様の理論展開が可能であるが，本書では扱わない．しかし，ここでの議論に必要な性質を 2 つ挙げる．

関係スキーマの属性列 A_R の部分列 X, Y, X' に対して

$$A_R \to Y \tag{3.2}$$

$$((X \to Y) \text{ かつ } (X \text{ は } X' \text{の部分列})) \text{ ならば } X' \to Y \tag{3.3}$$

が成り立つ[*11]．

式 (3.3) から，ある関数従属性が成り立つならば，左辺の属性は任意に増やしてよいということである．逆にいえば，属性の部分列 Y に対して，式 (3.2) から必ず関数従属性 $A_R \to Y$ が成り立ち，もし，A_R の部分列 X に対して関数従属性 $X \to Y$ が成り立つなら，左辺を A_R から X まで縮小しても関数従属性が保存されることが分かる．しかし，左辺の縮小にはそれぞれの場合に依存した限界がある．

例 3.27　テーブル「学生データ」には 3 つの関数従属性

$$学生名 \to 研究室名, 学科名$$
$$授業名 \to 開講時期$$
$$学生名, 授業名 \to 成績$$

がある．関係スキーマに含まれる全属性の列は

$$A_R = (学生名, 研究室名, 学科名, 授業名, 開講時期, 成績)$$

である．上記の第 3 の関数従属性から左辺を A_R から (学生名, 授業名) まで縮小できる．しかし，それ以上属性を削除すると，関数従属性はもはや成立しない．

$$学生名, 研究室名, 学科名, 授業名, 開講時期, 成績 \quad \to \quad 成績$$
$$学生名, 研究室名, 学科名, 授業名, 開講時期 \quad \to \quad 成績$$
$$学生名, 研究室名, 学科名, 授業名 \quad \to \quad 成績$$
$$学生名, 学科名, 授業名 \quad \to \quad 成績$$
$$学生名, 授業名 \quad \to \quad 成績$$
$$学生名 \quad \not\to \quad 成績$$
$$授業名 \quad \not\to \quad 成績$$

ここで，$\not\to$ は関数従属性が成立しないことを意味する．

[*11] 証明は以下の通りである．式 (3.2)：$t[A_R] = t'[A_R]$ であれば，$t[A_R] = t$, $t'[A_R] = t'$ だから，$t = t'$．よって，A_R の任意の部分列 Y に対して，$t[Y] = t'[Y]$ が成り立つ．式 (3.3)：$t[X'] = t'[X']$ ならば，X は X' の部分列であるから，$t[X] = t'[X]$．よって，$X \to Y$ から，$t[Y] = t'[Y]$ である．

第 1 の関数従属性については左辺の属性を 1 つの属性 (学生名) まで縮小できる.

学生名, 研究室名, 学科名, 授業名, 開講時期, 成績　→　研究室名, 学科名

学生名, 研究室名, 学科名, 授業名, 開講時期　→　研究室名, 学科名

学生名, 研究室名, 学科名, 授業名　→　研究室名, 学科名

学生名, 学科名, 授業名　→　研究室名, 学科名

学生名, 授業名　→　研究室名, 学科名

学生名　→　研究室名, 学科名

ここで注意すべき点は左辺を (学生名) まで縮小する直前の段階で主キー K ＝ (学生名, 授業名) が出現することである. すなわち, 非キー属性の列 (研究室名, 学科名) に対して, 左辺を主キーとする関数従属性

学生名, 授業名 → 研究室名, 学科名

も成り立つのである. 同様に, 非キー属性「開講時期」についても, 関数従属性

学生名, 授業名 → 開講時期

が成り立つ.

以上から, 非キー属性はすべて主キー K に関数従属することが分かる.

例 3.27 から, 関数従属性という観点からは

学生名, 授業名 → 研究室名, 学科名

学生名, 授業名 → 開講時期

学生名, 授業名 → 成績

が成り立つため, これらをあわせれば

学生名, 授業名 → 研究室名, 学科名, 開講時期, 成績

となる. すなわち, 非キー属性はすべて主キーに関数従属してしまい, 関数従属性ではデータのまとまりを束ねられないのである. しかし, 例 3.27 では非キー属性を右辺とする関数従属性の中に左辺をさらに削ることができることを確認した. 例えば, 「開講時期」は「学生名」と「授業名」に関数従属するが, 「学生名」を削って「授業名」だけにしてもやはり関数従属する. しかし, それ以上に削れない. これが次の完全関数従属性の概念につながる.

定義 3.2　完全関数従属性

　関数従属性 $X \to Y$ の左辺 X のどの真部分列 X' についても $X' \not\to Y$ となるとき[*12]，これを**完全関数従属性** (full functional dependency) と呼び，本書では「$X \Rightarrow Y$」と書く[*13]．このとき，「右辺 Y に属する属性は X に完全関数従属する」という．

　完全関数従属性がデータの 1 つの内容を束ねると考えて，関係スキーマを分解すると，最初に指摘した更新時異常が解消されることを確認しよう．

例 3.28　3 つの完全関数従属性

$$学生名 \Rightarrow 研究室名, 学科名$$
$$授業名 \Rightarrow 開講時期$$
$$学生名, 授業名 \Rightarrow 成績$$

によって例 3.24 のテーブル「学生データ」を分解した結果を図 3.29 に示す．分解したテーブルをそれぞれ「学生」「授業」「履修」と名づける．テーブル「履修」の主キー属性「学生名」「授業名」から，テーブル「学生」の主キー「学生名」，テーブル「授業」の主キー「授業名」がそれぞれ参照され，外部キーであることに注意する．

学生

学生名	研究室名	学科名
太郎	知識情報学	知識科学
次郎	データ解析学	データ科学
三郎	データ解析学	データ科学

授業

授業名	開講時期
人工知能	2 年前期
統計学	1 年後期
数理論理学	2 年後期

履修

学生名	授業名	成績
太郎	人工知能	S
太郎	統計学	A
次郎	人工知能	C
次郎	統計学	B
次郎	数理論理学	A
三郎	統計学	S

図 3.29　完全関数従属性に基づくテーブル「学生データ」の分解

　(1) 挿入時異常の解消：新たに転入する学生「四郎」さんは単位振替作業が終了していなくても，テーブル「学生」に挿入できる (図 3.30 の網掛け)．

[*12] 左辺が関数従属性の性質を満たす極小の集合であるということである．
[*13] この記号は他書では使用されていないので注意．

学生名	研究室名	学科名
太郎	知識情報学	知識科学
次郎	データ解析学	データ科学
三郎	データ解析学	データ科学
四郎	知識情報学	知識科学

授業名	開講時期
人工知能	2 年前期
統計学	1 年後期
数理論理学	2 年後期

学生名	授業名	成績
太郎	人工知能	S
太郎	統計学	A
次郎	人工知能	C
次郎	統計学	B
次郎	数理論理学	A
三郎	統計学	S

図 3.30　挿入時異常の解消

(2) 削除時異常の解消：他大学に転出する学生「次郎」さんについて，履修科目の
データに影響を与えることなくテーブル「学生」から削除できる (図 3.31 の網掛け).

学生名	研究室名	学科名
太郎	知識情報学	知識科学
次郎	データ解析学	データ科学
三郎	データ解析学	データ科学

授業名	開講時期
人工知能	2 年前期
統計学	1 年後期
数理論理学	2 年後期

学生名	授業名	成績
太郎	人工知能	S
太郎	統計学	A
次郎	人工知能	C
次郎	統計学	B
次郎	数理論理学	A
三郎	統計学	S

図 3.31　削除時異常の解消

(3) 修正時異常の解消：「統計学」の開講時期変更は履修者の数に影響されず，テー
ブル「授業」の 1 か所 (図 3.32 の網掛け) だけ変更すればよい.

学生名	研究室名	学科名
太郎	知識情報学	知識科学
次郎	データ解析学	データ科学
三郎	データ解析学	データ科学

授業名	開講時期
人工知能	2 年前期
統計学	2 年前期
数理論理学	2 年後期

学生名	授業名	成績
太郎	人工知能	S
太郎	統計学	A
次郎	人工知能	C
次郎	統計学	B
次郎	数理論理学	A
三郎	統計学	S

図 3.32　修正時異常の解消

　1 セル 1 データの条件を満たすテーブルを第 1 正規形といった．さらに，完全関数従属性による次の条件を満たすテーブルを第 2 正規形と呼ぶ．

> **定義 3.3　第 2 正規形**
>
> 　関係スキーマが**第 2 正規形** (second normal form) であるとは，すべての非キー属性が主キーに完全関数従属するときである．

　例 3.28 で分解されたテーブルはすべて第 2 正規形の条件を満たしている．関係スキーマに含まれる完全関数従属性をすべて洗い出して，第 2 正規形となるいくつかの関係スキーマに分解する作業を**第 2 正規化**と呼ぶ．

　例 3.28 の結果を見ると，分解して第 2 正規形にしたテーブルは更新時異常の解消に成功したかに見える．しかし，更新時異常はこれで終わらない．

3.2.4　推移従属性と第 3 正規形

　第 2 正規化しても更新時異常が発生するケースがある．例 3.29 で説明する．

例 3.29　　例 3.28 で分解したテーブルの中で左側のテーブル (図 3.33 に再掲) を考える．第 2 正規形を満たすこのテーブルでも更新時異常が発生することを確認する．

学生

学生名	研究室名	学科名
太郎	知識情報学	知識科学
次郎	データ解析学	データ科学
三郎	データ解析学	データ科学

図 3.33　本例のテーブル

(1) 挿入時異常：企業の援助により新たに「データ科学」学科に「データ可視化」研究室が新設されるとする．このとき，この研究室に所属する学生が決まっていなければ空値 (図 3.34 の濃い網掛け) なので，主キー制約に違反し，「データ可視化」研究室に関するタプルを挿入できない (図 3.34 の網掛け)．

学生

学生名	研究室名	学科名
太郎	知識情報学	知識科学
次郎	データ解析学	データ科学
三郎	データ解析学	データ科学
－	データ可視化	データ科学

図 3.34　挿入時異常

(2) 削除時異常：学生「太郎」さんが他の大学に転出することになった．たまたま「知識情報学」研究室に所属する学生が「太郎」さん 1 人だけの場合，「太郎」さんのデータ (図 3.35 の網掛け) を削除すると，「知識情報学」研究室が「知識科学」学科に存在するというデータまでも削除される (図 3.35 の濃い網掛け)．

学生

学生名	研究室名	学科名
太郎	知識情報学	知識科学
次郎	データ解析学	データ科学
三郎	データ解析学	データ科学

図 3.35　削除時異常

(3) 修正時異常：「データ科学」学科が「データサイエンス」学科に名称変更することになった．このとき，所属する学生の数だけデータ (図 3.36 の網掛け) を修正する必要が生じる．

学生

学生名	研究室名	学科名
太郎	知識情報学	知識科学
次郎	データ解析学	データサイエンス
三郎	データ解析学	データサイエンス

図 3.36　修正時異常

　第 2 正規化によってすべての非キー属性は主キーに完全関数従属することは保証されている．関数従属性がデータのまとまりを束ねるという観点からは，例 3.29 で指摘した更新時異常は非キー属性間にまだ関数従属性が残っているためであると予想できる．

例 3.30 改めて属性間に関数従属性が残ってないかチェックすると，非キー属性間に

$$研究室名 \rightarrow 学科名$$

という関数従属性があることが分かる．実際，1 つの研究室が同時に複数の学科に所属することはないからである．

　　よって，学生を 1 人決めれば所属する学科が 1 つ定まるのは，学生の所属する研究室を決めれば学科が 1 つ定まるからだったのである．すなわち，例 3.28 で考えた関数従属性「学生名 → 学科名」は「学生名 → 研究室名」と上記の関数従属性から推移律[14]によって得られるのである．

以上の考察に基づき，新たな正規形を定義する．

定義 3.4　第 3 正規形

　第 2 正規形である関係スキーマにおいて，非キー属性間に自明でない関数従属性が存在しないとき，この関係スキーマを**第 3 正規形** (third normal form) であるという．

第 3 正規形のテーブルの特筆すべき点は非キー属性間にもはや自明でない関数従属性が存在しないことである．よって，第 3 正規形のテーブルの非キー属性のデータの修正が他の属性のデータに影響を及ぼすことはない．よって，他の属性への影響を心配せずに，そのデータだけを修正できる．

　　例 3.29 のテーブル「学生」を第 3 正規形になるように分解すると，例 3.29 で指摘した更新時異常が解消されることを例 3.31 で確認する．

例 3.31 2 つの完全関数従属性「学生名 → 研究室名」と「研究室名 → 学科名」に基づいてテーブル「学生」を分解すると，図 3.37 に示す 2 つのテーブル「学生′」「研究室」を得る．ここで，テーブル「学生′」の非キー属性「研究室名」から，テーブル「研究室」のキー属性「研究室名」が参照され，外部キーとなることに注意する．

学生′

学生名	研究室名
太郎	知識情報学
次郎	データ解析学
三郎	データ解析学

研究室

研究室名	学科名
知識情報学	知識科学
データ解析学	データ科学

図 3.37　第 3 正規形への分解

　　(1) 挿入時異常の解消：新設される「データ可視化」研究室は所属する学生が決まっていなくても，テーブル「研究室」に問題なく挿入できる (図 3.38 の網掛け)．

---

[14] 関数従属性が満たす性質 $((X \rightarrow Y$ かつ $Y \rightarrow Z)$ ならば $(X \rightarrow Z))$ を推移律という．

学生		研究室	
学生名	研究室名	研究室名	学科名
太郎	知識情報学	知識情報学	知識科学
次郎	データ解析学	データ解析学	データ科学
三郎	データ解析学	データ可視化	データ科学

図 3.38　挿入時異常の解消

(2) 削除時異常の解消：他の大学に転出する「太郎」さんのデータを削除しても (図 3.39 の網掛け)，所属する「知識情報学」研究室が「知識科学」学科に存在するというデータはテーブル「研究室」に残っている (図 3.39 の網掛け)．

学生		研究室	
学生名	研究室名	研究室名	学科名
太郎	知識情報学	知識情報学	知識科学
次郎	データ解析学	データ解析学	データ科学
三郎	データ解析学		

図 3.39　削除時異常の解消

(3) 修正時異常の解消：「データ科学」学科の「データサイエンス」学科への名称変更はテーブル「研究室」の 1 か所 (図 3.40 の網掛け) だけ修正すればよい．

学生		研究室	
学生名	研究室名	研究室名	学科名
太郎	知識情報学	知識情報学	知識科学
次郎	データ解析学	データ解析学	データサイエンス
三郎	データ解析学		

図 3.40　修正時異常の解消

　なお，例 3.28 で分解した第 2 正規形のテーブルのうち，「授業」と「履修」には非キー属性間に自明でない関数従属性はないので，第 2 正規化した段階で第 3 正規形の条件も満たしている．

> **注**　第 3 正規形の関係スキーマでも更新時異常が生じる例が報告されている．実際，本節で説明した第 3 正規形とほぼ同じ時期に同名の「第 3 正規形」として提案された別の正規形の条件がある．それは現在，**ボイス-コッド正規形**と呼ばれ，本節の第 3 正規形の条件を満たすことが証明されている．

3.2.5　無損失分解

　本節では特に注意を払わずに，関係スキーマを，実際にはテーブルを分解したり (射影)，つなげて大きくしたり (結合) してきた．しかし，このような操作は常に自由に実行してよいのだろうか．
　より具体的にいえば，1 つのテーブルをいい加減に分解すると，自然結合で戻そうとしても，元々存

在しなかったタプルが生成される場合がある. よって, 分解して元に戻る条件を吟味することは, 関係データベース管理の観点から, 大変重要である.

　関係スキーマ (およびテーブル) の「射影による分解」という概念を導入する. その前にまず, A_R の 2 つの部分列 X, Y について簡単に考察する. 部分列は A_R に並ぶ各属性を選択するかしないかで定まるから, 次の 3 つの場合がある.

(1) 属性 A_k は X, Y の両方に現れる.
(2) 属性 A_k は X, Y のいずれか一方に現れる.
(3) 属性 A_k は X, Y のいずれにも現れない.

関係スキーマ R に対して, A_R の互いに異なる空列でない部分列 X, Y について, (3) の場合が起こらないとき, $\{X, Y\}$ を関係スキーマ R の (1 つの) **分解** (decomposition) という[*15]. また, この関係スキーマ R のインスタンスとなるテーブル T に対して, その X, Y への射影を集めた集合 $\{\pi_X(T), \pi_Y(T)\}$ をテーブル T の (1 つの) 分解という.

　射影で分解した関係スキーマでテーブルを自然結合するためには, 分解後の関係スキーマに共通となる属性がなければならない. この共通部分がないときは, 自然結合は単なる直積となる.

　では, まず射影で分解した後, 自然結合しても元に戻らない例を挙げる.

例 3.32　次のテーブル「学生」に含まれる属性は $A_R = (\text{学生名}, \text{研究室名}, \text{学科名})$ である. ここで, $X = (\text{学生名}, \text{学科名})$, $Y = (\text{研究室名}, \text{学科名})$ とおくと, $\{X, Y\}$ は R の 1 つの分解である. しかし, この分解で射影を作っても, それらの自然結合は図 3.41 に示すように, 元のテーブルとはならない.

[*15] 例えば, $A_R = (A_1, A_2, A_3, A_4)$ に対して, 部分列 (A_1, A_2) と (A_2, A_3, A_4) は R の分解である. しかし, 部分列 (A_1) と (A_3, A_4) は R の分解でない.

学生

学生名	研究室名	学科名	
太郎	知識情報学	知識科学	$= t_1$
次郎	データ解析学	データ科学	$= t_2$
三郎	データ構造学	データ科学	$= t_3$

↕ 射影による分解

$\pi_X(学生)$

学生名	学科名	
太郎	知識科学	$= t_1[X]$
次郎	データ科学	$= t_2[X]$
三郎	データ科学	$= t_3[X]$

$\pi_Y(学生)$

研究室名	学科名	
知識情報学	知識科学	$= t_1[Y]$
データ解析学	データ科学	$= t_2[Y]$
データ構造学	データ科学	$= t_3[Y]$

↕ 等結合

学生名	学科名	研究室名	学科名	
太郎	知識科学	知識情報学	知識科学	$= t_1[X]t_1[Y]$
次郎	データ科学	データ解析学	データ科学	$= t_2[X]t_2[Y]$
次郎	データ科学	データ構造学	データ科学	$= t_2[X]t_3[Y]$
三郎	データ科学	データ解析学	データ科学	$= t_3[X]t_2[Y]$
三郎	データ科学	データ構造学	データ科学	$= t_3[X]t_3[Y]$

↕ 射影

学生名	研究室名	学科名
太郎	知識情報学	知識科学
次郎	データ解析学	データ科学
次郎	データ構造学	データ科学
三郎	データ解析学	データ科学
三郎	データ構造学	データ科学

図 3.41　分解して自然結合しても元に戻らない例

最後のテーブルの 3,4 行 (図 3.41 の網掛け部分) は元のテーブルにはなかったタプルである．なぜそうなったかというと，異なるタプルから作られたデータの切り出しを自然結合でつなげたからである．実際，等結合するときの，3 行目の $t_2[X]t_3[Y]$ と 4 行目の $t_3[X]t_2[Y]$ がそうである．一方，1,2,5 行目は t_1, t_2, t_5 を復元しており，元のテーブルに存在したタプルである．

例 3.32 で確認したように，テーブルをむやみに分解したり，自然結合したりすると，元々存在しなかったタプルが作られる場合がある．よって，次が成り立つ．

$$T \subseteq \pi_X(T) *_F \pi_Y(T) \tag{3.4}$$

すなわち，一般に，射影で分解して自然結合とすると，タプルは分解する前と同じだけ作られるか，または増えるのである．式 (3.4) の包含関係の方向は無条件で成り立つ．もし反対方向の包含関係

$$T \supseteq \pi_X(T) *_F \pi_Y(T) \tag{3.5}$$

も成り立つならば，分解したテーブルの自然結合が分解前のテーブルと一致する.

$$T = \pi_X(T) *_F \pi_Y(T) \tag{3.6}$$

式 (3.6) が成り立つ分解を無損失分解といい，次のように定義される.

定義 3.5　無損失分解

　関係スキーマ R の分解 $\{X, Y\}$ が，R の任意のインスタンスとなるテーブル T について，式 (3.5) を満たす[*16] とき，**無損失分解** (informatiom lossless decomposition) という.

無損失分解の例を挙げる.

例 3.33　例 3.32 のテーブル「学生」について，$X = (学生名, 研究室名)$，$Y = (学生名, 学科名)$ を使って分解した後，自然結合すると元のテーブルに戻るので無損失分解である.

学生

学生名	研究室名	学科名	
太郎	知識情報学	知識科学	$= t_1$
次郎	データ解析学	データ科学	$= t_2$
三郎	データ構造学	データ科学	$= t_3$

↓ 射影による分解

$\pi_X(学生)$

学生名	研究室名	
太郎	知識情報学	$= t_1[X]$
次郎	データ解析学	$= t_2[X]$
三郎	データ構造学	$= t_3[X]$

$\pi_Y(学生)$

学生名	学科名	
太郎	知識科学	$= t_1[Y]$
次郎	データ科学	$= t_2[Y]$
三郎	データ科学	$= t_3[Y]$

↓ 等結合

学生名	学科名	研究室名	学科名	
太郎	知識科学	知識情報学	知識科学	$= t_1[X]t_1[Y]$
次郎	データ科学	データ解析学	データ科学	$= t_2[X]t_2[Y]$
三郎	データ科学	データ構造学	データ科学	$= t_3[X]t_3[Y]$

↓ 射影

学生名	研究室名	学科名
太郎	知識情報学	知識科学
次郎	データ解析学	データ科学
三郎	データ構造学	データ科学

図 3.42　無損失分解の例

[*16] したがって，式 (3.6) が成り立つ.

なぜ，この分解は無損失なのだろうか．それは射影で分解したテーブルを自然結合するために使う属性「学生名」について，関数従属性「学生名 → 研究室名」と「学生名 → 学科名」が成り立つので，分解後のテーブルに1つの学生名に関する複数のタプルが存在しないからである．よって，それぞれ唯一のタプルは元のテーブルの1つのタプルからの切り出しなので，自然結合するとその元のタプルが復元される．

　詳細は省くが，関数従属性に含まれる属性に射影したテーブルを自然結合すると，元のテーブルが復元されることが証明されている．したがって本節において，これまで実行した関数従属性に基づく分解はすべて無損失分解であって，分解後に自然結合したとき，元々存在しなかったタプルが生成されることはない．

　なお，関数従属性は無損失分解に対する十分条件である．無損失分解の必要十分条件として，多値従属性や結合従属性があり[17]，それぞれに対応して，第4正規形や第5正規形が提案されている．

➤ 第3章　練習問題

3.1　次のテーブルから学生が配属できるコースを求める SQL の問い合わせを作成し，検索の過程を説明せよ．

成績

学生名	授業名	合否
太郎	統計学	合
太郎	データマイニング	合
太郎	人工知能	否
次郎	統計学	合
次郎	データマイニング	否
次郎	人工知能	合
三郎	統計学	否
三郎	データマイニング	合
三郎	人工知能	合

コース別開講授業

コース名	授業名	必選
データ解析	統計学	必
データ解析	データマイニング	必
データ解析	人工知能	選
データ可視化	統計学	必
データ可視化	データマイニング	選
データ可視化	人工知能	必

授業

授業名	単位数
統計学	2
データマイニング	2
人工知能	2

配属基準

コース名	必修科目の最低必要単位数
データ解析	4
データ可視化	4

---

[17] 多値従属性は2つの属性の部分列への分解，結合従属性はそれ以上の分解を考える．

3.2　関係スキーマ R と A_R の部分列 S, K について，2 章で説明した超キー S，候補キー K の条件はそれぞれ，関数従属性 $S \to A_R$，完全関数従属性 $K \Rightarrow A_R$ が成り立つことと必要十分であることを説明せよ．

3.3　次のテーブルに存在する自明でない関数従属性を列挙し，これに基づいて関係代数の演算を使って，第 3 正規形に分解せよ．また，その分解が無損失であることを確かめよ．

100 万都市

都市名	都道府県名	地方名
横浜	神奈川	関東
川崎	神奈川	関東
大阪	大阪	近畿

｛ 第 **4** 章 ｝

データの可視化と分析

　本章では，関係データベースを用いたデータの可視化と分析の方法について説明する．最初に，時系列データや比較といった目的に応じたデータベースの出力に対して表計算ソフトのグラフ作成の機能などを適用する可視化方法について説明する．また，大規模データの分析時には，データベースへの直接問い合わせによる非効率さを解決する技法である，多次元データモデルに基づく **OLAP**(OnLine Analytical Processing) についても説明する．

➤ 4.1 データの可視化による分析

　本章では，関係データベースで与えられたデータを，可視化によって分析する方法について説明する．関係データベースには，数値，日時，文字列などさまざまなタイプの属性の関係が格納される．4.2 節では，このような属性の関係から分析したい属性の関係を選択し，その属性のタイプを考慮した可視化方法について紹介するとともに，気象庁の提供している過去の気象データから作成したデータベースと，表計算ソフトであるエクセルを用いたグラフの可視化例もあわせて説明する[*1]．さらに，SQL の集約機能を利用してテーブルの集約を行う方法についても説明する．

　また，このような可視化を行うデータをデータベースへの問い合わせを含む形で支援する，データベース可視化システムについても説明する．さらに，データマイニングなどで行われるような，特定の条件を満たすデータ群におけるデータ間の相関関係などを分析するためには，前述の単純なデータの可視化では不十分である．特に，仮説的な条件を設定したようなデータ分析をインタラクティブに行うには，SQL などを用いて毎回データベースからデータを検索するような方法は非効率的である．この問題を解決する 1 つの手法として，**OLAP**(OnLine Analytical Processing) がある．これは，データベースのスナップショットから分析用の多次元データモデルを作成し，そのデータモデル上で，集計操作や検索などを行いながらデータ分析を行う方法である．4.3 節では，OLAP の考え方と利用方

[*1] 同様のグラフの作成は，R や Python を用いて行うことが可能である．データの取り扱い方法も含めた簡単な説明を参考 4.1 (94 ページ) として紹介する．

法について説明する.

➤ 4.2 データベースの可視化

◗ 4.2.1 グラフによるデータベースの可視化

関係データベースにはさまざまな属性間の関係を表すテーブルが格納される.これらの属性間の関係を可視化するための基本的な方法は,可視化の対象とするデータの条件や属性の組合せを選択することで,可視化をする対象のテーブルを作成し,グラフとして表現することである.本節では,属性のタイプや,可視化の目的を考慮して,どのようなグラフを作成するのがよいのかについて説明する.

データベース中のデータを属性間の関係を表すグラフとして可視化するときに,最も重要なことは,属性のタイプを考えることである.注目する属性のタイプとは,属性が持つ値 (属性値) のタイプのことであり,ここでは以下のように分類する.

- **数量属性** (numeric attribute)
  数量属性は数値としてグラフ上に表現できるだけでなく,数量の大小関係を考慮して,データの値の大小に注目して並び替えるといった作業ができる.日付や時間などの属性値は,それ自体では数値ではないが,特定の期日からの日数や,0 時 0 分 0 秒からの経過時間などに変換することで,数量属性として扱うことができる.

- **非数量属性** (non-numeric attribute)
  文字列などの非数量属性は,数値として表現をすることができない.ただし,五十音順といった記号の特性を使って機械的に決められるもの,春夏秋冬のように順序が決まるもの,関連する属性値の大小で決まるものなどを使って,順序を決めることは可能である.非数量属性を可視化するときには,順序つきか順序なしかという点も考慮して可視化するほうがよい.

次に,これらの組合せを可視化する目的として,以下のような目的を設定し,それぞれの目的に対応する代表的なグラフによる可視化手法を紹介する.

- 属性値の大小関係の比較:**棒グラフ**
  最もシンプルな分析は,異なる項目 (条件) で対応する属性値の大小関係の比較である.例えば,東京と大阪の人口比較や,所得層に応じた 1 か月あたりの外食費の比較といった目的などが考えられる.このような大小比較を行うときには,項目ごとの数値などを棒の長さに対応させる形で表現した棒グラフを用いることが代表的である.項目の値を縦軸に,異なる条件の種類を横軸に並べたグラフが標準的であるが,項目の値を横軸に,異なる条件の種類を縦軸にした横棒グラフも存在する.

- 割合の可視化：**円グラフ**

  棒グラフは，個別の項目の間の比較には優れるが，例えば「特定の条件が全体の中でどれくらいの割合で発生するのか」といった相対的な割合を直感的に理解することは難しい．例えば，北海道大学の学生には北海道の出身者が多いが，棒グラフでは，その割合を読みとることが難しい．このような割合を表すときには，項目別の度数の割合を対応する扇形の角度で表現した円グラフを用いることが代表的である．円グラフでは，個別の条件に対する扇形の角度が小さすぎて読みとれないような場合が発生するが，そのような場合には，「その他」といった複数の項目に対応するような項目を設定することがよく行われる．

- 値の変化の表現：**折れ線グラフ**

  棒グラフは，複数の項目に対応する属性値の大小関係については表現できるが，「それぞれの項目間に順序関係が存在し，その順序に応じてどのように値が変化をするか」について可視化したいという場合には，変化の表現により適した可視化手法が求められる．例えば，1 月から 12 月までの気温の変化などを表したいといった目的を考える．このような場合に，棒グラフの長さで属性値を示すのではなく，対応する棒グラフの先端部分である属性値の値を表す点を線でつないだ折れ線グラフを用いることが代表的である．折れ線グラフでは，変化の大小が線の傾きとして表現され理解しやすくなるとともに，さらに，複数の項目に対応する折れ線グラフ (複数の地域における気温の変化についての折れ線グラフ) をひとまとめにして表示することで，対応する項目での値の比較，変化の比較などを同時に行うことができる．

- 項目ごとの値の分布の可視化：**箱ひげ図**

  上述の可視化手法は，主に代表的な値による可視化を前提とした可視化手法であるのに対し，代表的な値ではなく，個別の値の分布に注目した可視化が必要になる場合がある．例えば，棒グラフによって，所得層に応じた 1 か月あたりの外食費を表現すると，平均値や中央値などの 1 つの値だけを用いることになる．この場合には，最大・最小の金額や，どれくらいのばらつきがあるのかといった情報が表現できない．このような場合には，中央値，四分位数，最大値，最小値，外れ値などの情報を含めて表現可能な箱ひげ図を用いることが代表的である．

- 複数の属性値についての分布の可視化：**散布図**

  上述の可視化手法は，対応する属性値を求める項目が離散的 (東京や大阪といった地域や，所得層のように属性が数値であっても区間で分割している) であったため，例えば，身長と体重の関係といった複数の属性値間の関係を直接的に表現できなかった．このような情報を表現する代表的な手法に散布図がある．散布図は，異なる 2 つ (3 つ) の属性の関係を，それぞれの属性の値を，x, y の 2 次元 (x, y, z の 3 次元) の座標に対応づけて表示したものであり，その分布を見ることで，属性値間に相関性があるのかないのかなどを可視化することが可能となる．

また，グラフを作成するときには，上記の複数の目的を同時に満たすような可視化が求められる場合があり，その際には，これらのグラフを組み合わせた複合的なグラフも多く用いられる．

例えば，都道府県ごとの 1 世帯あたりの年間支出に関する比較の棒グラフについて，細目である費

目ごとの支出の割合を示したいといった場合を考える．このような場合には，対応する細目に対応する棒を長さ方向に積み上げていく，積み上げ棒グラフ (帯グラフ) を用いることがある．また，円グラフを用いる場合では，円の大きさを総支出に対応づけることで，複数の都道府県での支出の大小を表現可能となる．

また，細目ごとの支出の 12 か月での変動を表現したいといった，折れ線グラフと割合の表現を組み合わせて表現する方法としては，積み上げ棒グラフの対応する先端を線で結び，対応する領域ごとに色を塗る積み上げ折れ線グラフなどを用いることもある．

❯ 4.2.2 表計算ソフトと SQL を用いたデータベースの可視化

データベースが関係データベースとして与えられる場合，SQL を用いて可視化したい属性間の関係を表すテーブルを得ることができる．これは，表計算ソフトの表と同じ形式のデータであるため，これらのテーブルは，多様なグラフ作成の機能を持つ表計算ソフトの表として扱うことができる．本節では，表計算ソフトとして，エクセルを例にとり，可視化の手法を説明する．

データベースの分析でエクセルを用いる方法としては，データベースに格納されているテーブルを，エクセルが表として読み込める形式のテキストに変換する方法 (**CSV**(Comma Separated Value)，要素をカンマ区切りで保存するフォーマットを用いるのが一般的) と，**ODBC**(Open Database Connectivity) と呼ばれる RDBMS にアクセスするためのインタフェースを利用する方法がある．多くの商用・フリーの関係データベースは，ODBC のインタフェースをライブラリとして用意しているため，さまざまな RDBMS との連携が可能である．RDBMS との連携方法などについては，RDBMS ごとに詳細が異なる場合もあるため，ライブラリの解説などを参照していただきたい．

上記いずれかの手順を踏むことで，データベース中の情報をエクセルの表として活用でき，基本的な可視化手法を利用するために，エクセルが利用可能となる．

代表的な RDBMS から CSV ファイルを作成する方法や，CSV ファイルを利用した他のソフトウェアによる可視化などについては，本節の最後に参考 4.1 で紹介する．具体的なプログラムなどは，本書のウェブページ (https://www.kspub.co.jp/book/detail/5193105.html) で公開しているので，必要に応じて利用していただきたい．

具体的な分析事例として，気象庁の提供している過去の気象データ[2] から入手したデータを用いて，それぞれのグラフの特徴とそれを用いた可視化方法を紹介する．具体的には，札幌，仙台，東京，名古屋，大阪，福岡，那覇の 7 都市について，平均気温 (℃)，降水量の合計 (mm)，日照時間 (時間)，最多風向 (16 方位) の項目の日ごとのデータを収集し，コード 4.1 を用いてテーブル作成を行った[3]．

---

[2] https://www.data.jma.go.jp/gmd/risk/obsdl/index.php
[3] 属性名に「(」や「)」を用いると，SQL において扱いが煩雑になるため，「(」や「)」を除いた名前を属性名に利用している．

コード 4.1　気象データを保存するテーブル「weather」を作成する SQL

```
CREATE TABLE weather(
 location VARCHAR(50) NOT NULL,
 day DATE,
 平均気温℃ FLOAT NOT NULL,
 降水量の合計mm FLOAT NOT NULL,
 日照時間時間 FLOAT NOT NULL,
 最多風向 16方位 VARCHAR(50) NOT NULL,
  PRIMARY KEY ('location','day')
 );
```

また，場所ごとのデータを呼び出しやすくするために，コード 4.2 によりビューテーブルを設定している．

コード 4.2　各地点の気象情報のみを選択したビューテーブルを作成する SQL

```
CREATE VIEW sapporo AS SELECT * FROM weather WHERE location= "札幌";
CREATE VIEW sendai AS SELECT * FROM weather WHERE location= "仙台";
CREATE VIEW tokyo AS SELECT * FROM weather WHERE location= "東京";
CREATE VIEW nagoya AS SELECT * FROM weather WHERE location= "名古屋";
CREATE VIEW osaka AS SELECT * FROM weather WHERE location= "大阪";
CREATE VIEW fukuoka AS SELECT * FROM weather WHERE location= "福岡";
CREATE VIEW naha AS SELECT * FROM weather WHERE location= "那覇";
```

このビューテーブルを設定することで，sapporo というテーブルを参照するときには，weather のテーブルから location が札幌のデータのみを選択したテーブルが得られる．

a 棒グラフ

　棒グラフは，異なる項目に対する同じ属性の値を棒の長さにより視覚的に比較するためのグラフである．特定のエントリに関する複数の属性を異なる色で表したり，3 次元的な配置にすることで，2 種類の属性の組合せとして表されるような項目についての値の比較などが可能となる．また，棒グラフの棒を横に倒したものを帯グラフと呼ぶ．

　月ごとの降水量の合計を 7 都市で比較するための棒グラフ (図 4.1) のデータを作成するための SQL をコード 4.3 に示す．月の情報を元に総和を計算するために，データベースの集約機能を利用してい

る．SQL が複雑になっているのは，主に，結果の表を結合操作でエクセル用の 1 つの表にまとめる部分である．

◀ コード 4.3　7 都市の月ごとの降水量を集計する SQL ▶

```
1   SELECT DATE_FORMAT(sapporo.day, '%Y%m') AS month,
2   SUM(sapporo.降水量の合計mm) AS 札幌,
3   SUM(sendai.降水量の合計mm) AS 仙台,
4   SUM(tokyo.降水量の合計mm) AS 東京,
5   SUM(nagoya.降水量の合計mm) AS 名古屋,
6   SUM(osaka.降水量の合計mm) AS 大阪,
7   SUM(fukuoka.降水量の合計mm) AS 福岡,
8   SUM(naha.降水量の合計mm) AS 那覇
9   FROM sapporo INNER JOIN sendai ON sapporo.day= sendai.day
10  INNER JOIN tokyo ON sapporo.day= tokyo.day
11  INNER JOIN nagoya ON sapporo.day= nagoya.day
12  INNER JOIN osaka ON sapporo.day= osaka.day
13  INNER JOIN fukuoka ON sapporo.day= fukuoka.day
14  INNER JOIN naha ON sapporo.day= naha.day
15   GROUP BY DATE_FORMAT(sapporo.day, '%Y%m');
```

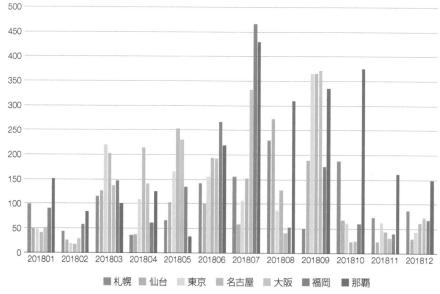

図 4.1　棒グラフ

　この SQL では，まず，9 行目から 14 行目で，同じ日付の情報が 1 行に並ぶように 7 つのテーブルをまとめたテーブルを作成し，15 行目でまとめ上げの基準として月の情報を利用し (日付の文字列を年と月のみの文字列で表示するため，同じ年と月の日付についてまとめることを指示している)，2 行目から 8 行目で，それぞれの都市の 1 日ごとの降水量の合計 mm を月で集計 (月間降水量を計算) したテーブルを作成している．

　また，全体の売り上げと，個別の部署の売り上げのような細目があるような属性の値に対応する形で棒 (細目ごとに色などを変えて，対応関係を表示) を作成し，長さ方向に積み上げる形で全体の棒を作成する積み上げ棒グラフ (帯グラフ) も存在する．このグラフを用いることにより，異なる項目における細目ごとの大小比較が行えるだけでなく，同じ項目の中での細目ごとの大小比較も行うことができる．

　また，異なる項目での細目の割合に注目する場合には，長さをそろえる100%積み上げ棒グラフ (帯グラフ) が存在する．このグラフを用いることにより，異なる条件での細目ごとの構成比を比較することが可能になる．ここでは，札幌の月ごとの風向について，100%積み上げ棒グラフ (図 4.2) のデータを作成するための SQL について，順を追って説明する．

　まず，札幌の最多風向 16 方位の回数を，先の棒グラフと同様に，月を単位として集約する SQL をコード 4.4 に示す．ここでは，1, 3 行で日付に関する情報を，月ごとの情報に変換するとともに，年月の文字列と最多風向 16 方位が同じものを集約して，年月ごとの最多風向 16 方位の出現回数を数えたテーブルが作成される．

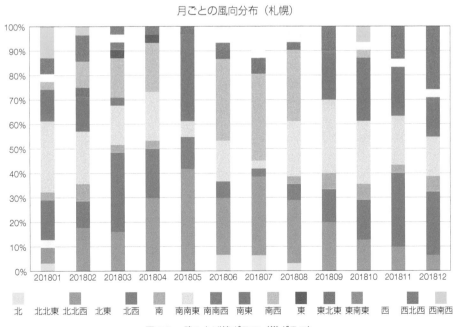

図 4.2　積み上げ棒グラフ (帯グラフ)

```
1   SELECT DATE_FORMAT(sapporo.day, '%Y%m') AS month,
2   最多風向 16方位,count(sapporo.最多風向 16方位) AS 札幌
3   FROM sapporo GROUP BY DATE_FORMAT(sapporo.day, '%Y%m'),
4   sapporo.最多風向 16方位;
```

しかし，このテーブルでは，各年月で出現頻度が 0 の最多風向 16 方位については，テーブルに行が作成されないため，そのままではエクセルの表を作るときに問題となる．この問題を解決するために，すべての月日 (201801〜201812 の 12 種類) と最多風向 16 方位 (16 種類) の組合せのデータ (12 × 16 = 192 行を持つ) を作成する必要がある．出現頻度が 0 の場合には，NULL(値なし) を値として持たせる必要がある．このテーブルを作成するための SQL をコード 4.5 に示す．

◀ コード 4.5　コード 4.4 に出現頻度が 0 になる組合せを行に持たせる SQL ▶

```
1    SELECT mt.month,mt.最多風向 16方位,札幌 FROM
2      ((SELECT * FROM ((SELECT DISTINCT DATE_FORMAT(day, '%Y%m') AS month
3                       FROM weather) AS month)
4       JOIN ((SELECT DISTINCT 最多風向 16方位 FROM weather) AS wind)
5       ORDER BY month, wind.最多風向 16方位) AS mt)
6     left JOIN ((SELECT DATE_FORMAT(sapporo.day, '%Y%m') AS month,
7                 最多風向 16方位,count(sapporo.最多風向 16方位) AS 札幌
8                 FROM sapporo GROUP BY DATE_FORMAT(sapporo.day, '%Y%m'),
9                 sapporo.最多風向 16方位) AS cc)
10    ON mt.最多風向 16方位 = cc.最多風向 16方位 AND mt.month = cc.month
11    ORDER BY mt.month,mt.最多風向 16方位;
```

2〜3 行目はすべての異なり月のデータ (201801〜201812 の 12 種類) を生成し，4〜5 行目はすべての最多風向 16 方位の異なりのデータを生成し，その join をすることで，月と風向のすべての組合せのデータ (12 × 16 = 192 行を持つ) を作成する．次の 6〜9 行目に含まれる SQL は，先に述べた札幌の最多風向 16 方位の回数を，月を単位として集約する SQL の出力結果を cc というテーブルとして定義している．このテーブルを 2〜5 行目で作成したテーブルと join をすることで，2〜5 行目に対応する値が cc に含まれる場合には，その値を持ち，それ以外 (その月に風向の頻度が 0 の場合) には，回数に NULL(値なし) が入り，192 行のデータを持つテーブルが作成される．

ただし，上記の SQL で作成されるテーブルは，各月と風向の組合せに対する出現回数のデータにな

るため，別処理で 1 ヶ月の出現回数のデータが 1 列となるように整形を行ってから，図 4.2 のグラフを作成している．

b 円グラフ

　項目ごとのデータの割合を対応する扇形の角度で表現したグラフを円グラフと呼ぶ．複数の円グラフを用いる場合には，円の半径などで，データの総数を表現する場合などもある．図 4.1 で作成した降水量のデータのうち，札幌の月ごとの降水量の割合を示したグラフが図 4.3 となる．

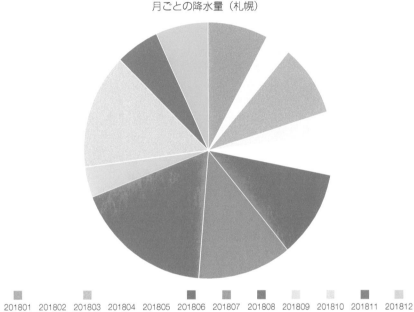

月ごとの降水量（札幌）

201801　201802　201803　201804　201805　201806　201807　201808　201809　201810　201811　201812

図 4.3　円グラフ (札幌の月ごとの降水量の割合)

c 折れ線グラフ

　棒グラフのときと異なり，項目 (条件) の間にある種の順序 (毎月のデータなど) がある場合に，その変化に注目するために，値に対応する点を線でつないだ折れ線グラフを用いる．棒グラフに比較すると，データの増減が線の傾きにより理解しやすいという特徴がある．

　平均気温の 1 日ごとの変動について，折れ線グラフ (図 4.4) のデータを作成するための SQL をコード 4.6 に示す．この SQL は，図 4.1 で示した降水量の棒グラフを求める SQL(コード 4.3) とほぼ同じで，4～9 行目は同じ日付の情報が 1 行に並ぶように 7 つのテーブルをまとめたテーブルを作成するためのコマンドで，1～3 行目で必要な平均気温の情報を選択している．

◀ コード4.6　7都市の毎日の平均気温を比較するためのSQL ▶

```
1   SELECT sapporo.day,sapporo.平均気温℃ AS 札幌, sendai.平均気温℃ AS 仙台,
2   tokyo.平均気温℃ AS 東京, nagoya.平均気温℃ AS 名古屋, osaka.平均気温℃ AS 大阪,
3   fukuoka.平均気温℃ AS 福岡, naha.平均気温℃ AS 那覇
4   FROM sapporo INNER JOIN sendai ON sapporo.day= sendai.day
5   INNER JOIN tokyo ON sapporo.day= tokyo.day
6   INNER JOIN nagoya ON sapporo.day= nagoya.day
7   INNER JOIN osaka ON sapporo.day= osaka.day
8   INNER JOIN fukuoka ON sapporo.day= fukuoka.day
9   INNER JOIN naha ON sapporo.day= naha.day;
```

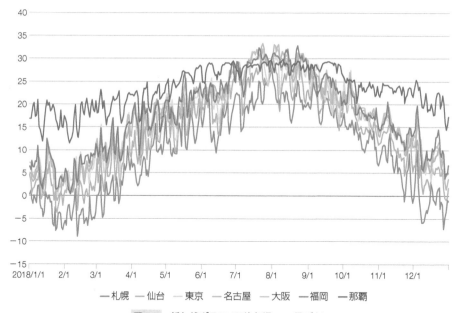

図 4.4　折れ線グラフ (平均気温：1日ごと)

　この結果をさらに，コード4.7の11行目でまとめ上げの基準として月の情報を利用する (日付の文字列を年と月のみの文字列で表示するため，同じ年と月の日付についてまとめることを指示している) ことで，月ごとの平均気温のテーブルが作成できる．このテーブルを用いて作成した折れ線グラフが図 4.5 となる．

コード4.7　7都市の毎月の平均気温を計算し比較するためのSQL

```
SELECT DATE_FORMAT(sapporo.day, '%Y%m') AS month, AVG(sapporo.平均気温℃) AS 札幌,
  AVG(sendai.平均気温℃) AS 仙台, AVG(tokyo.平均気温℃) AS 東京,
  AVG(nagoya.平均気温℃) AS 名古屋, AVG(osaka.平均気温℃) AS 大阪,
  AVG(fukuoka.平均気温℃) AS 福岡, AVG(naha.平均気温℃) AS 那覇
FROM sapporo INNER JOIN sendai ON sapporo.day= sendai.day
INNER JOIN tokyo ON sapporo.day= tokyo.day
INNER JOIN nagoya ON sapporo.day= nagoya.day
INNER JOIN osaka ON sapporo.day= osaka.day
INNER JOIN fukuoka ON sapporo.day= fukuoka.day
INNER JOIN naha ON sapporo.day= naha.day
GROUP BY DATE_FORMAT(sapporo.day, '%Y%m');
```

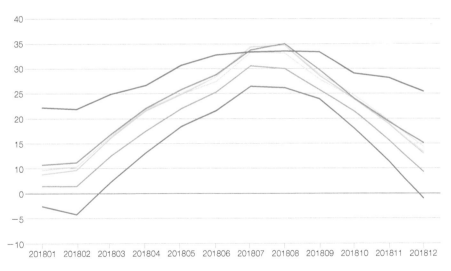

図4.5　折れ線グラフ (平均気温：1月ごと)

　また，積み上げ棒グラフに対応する形で，細目ごとの値を積み上げ，同じように折れ線でつなぎ，折れ線で囲まれた領域に細目に対応する色で塗ったものを積み上げ面グラフと呼ぶ．色で塗られた領域の太さの変化などにより，細目ごとの傾向などを理解することが可能となる．

　図4.1で作成した降水量のデータを地点ごとの月の降水量に基づいて積み上げたグラフが図4.6と

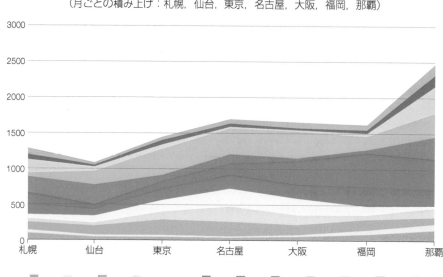

図 4.6　積み上げ面グラフ (地点ごとの月の降水量を積み上げ)

なる.

d 箱ひげ図

　属性値の分布のばらつき具合いの情報を，ある水準でデータが存在すると考えられる分布の箱 (多くの場合は，四分位数で分割) と，その箱の中心を通り，最大値と最小値を線で表したグラフを箱ひげ図と呼ぶ.単純に，最大値と最小値を表示した場合には，外れ値などが存在した場合に問題となるが，多くのデータが存在する領域が箱として表現されるため，外れ値かどうかを判断することが容易となる.
　図 4.4 で利用した 1 日ごとの平均気温のデータに基づいて作成した箱ひげ図を図 4.7 に示す.

e 散布図

　異なる 2 つ (3 つ) の属性の関係を，それぞれの属性の値を，x, y の 2 次元 (x, y, z の 3 次元) の座標に対応づけて表示したものを散布図と呼ぶ.表示するデータの種類を色や記号の違いで表現したり，関連する属性 (特定の属性値や，その項目 (条件) を満たすデータの数) などを表示する円などの記号の大きさで表現する場合もある.
　札幌の 7 月の日照時間と平均気温に関する散布図 (図 4.8) とそのデータを作成するための SQL をコード 4.8 に示す.この SQL では，2 行目で日付に対する制約を与えることで，7 月のデータのみを選択して，1 行目で必要な情報の組合せを表示させている.

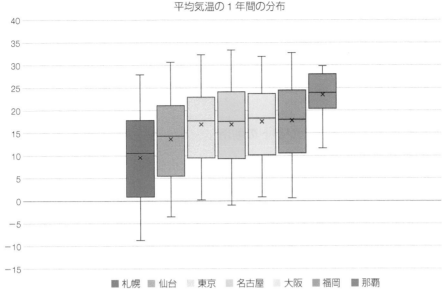

図 4.7　箱ひげ図 (7 都市の 1 年間の平均気温)

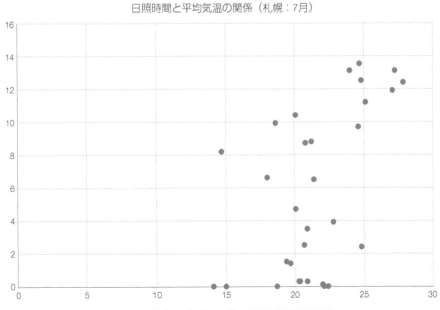

図 4.8　散布図 (札幌の 7 月の日照時間と平均気温)

コード 4.8　札幌の 7 月の日照時間と平均気温の関係を表示するための SQL

```
1    SELECT day,平均気温℃,日照時間時間 FROM sapporo
2    WHERE day > "2018-6-30" AND day < "2018-8-1";
```

4.2.3　データベース可視化ソフトの利用

エクセルを使った可視化以外にも，例えば，Metabase (https://www.metabase.com/) など，データベースを可視化するためのソフトウェアが多数存在する．このような可視化ソフトウェアでは，データ抽出を行う SQL の検索式を作成するために，テーブルの定義情報などを利用したりするなど，より RDBMS の操作に特化した機能などが実現されている．

扱うデータのサイズや性質に応じ，適切なものを選ぶとよいだろう．

参考 4.1　CSV を利用したデータベースと他のソフトの連携

データベースに格納されているデータを他のソフトで利用する場合には，**CSV** (Comma Separated Value) という形式がよく利用される．CSV とは，その名の通り，値をカンマ (,) で分けて保存する形式である．CSV には，1 行目にヘッダ行と呼ばれる各項目の説明を含むものと，1 行目からデータが入っているものが存在する．

mysql では，SELECT 文に INTO < ファイル名 > を末尾につけると，結果がファイルに出力される[*4]．CSV の形式にするためには，以下のように，FIELDS(列データを区切るために使う記号), LINES(改行コード) などの形式を設定する必要がある．

```
1    SELECT day,平均気温℃,日照時間時間 FROM sapporo
2    WHERE day > "2018-6-30" AND day < "2018-8-1" INTO OUTFILE "out.csv"
3    FIELDS TERMINATED BY ',' OPTIONALLY ENCLOSED BY '"'
4    LINES TERMINATED BY '\n'
```

postgresql では，COPY コマンドを利用し，テーブルの内容，もしくは SELECT して得られた結果をファイルに出力できる[*5]．

```
1    COPY (SELECT day,平均気温℃,日照時間時間 FROM sapporo
2    WHERE day > "2018-6-30" AND day < "2018-8-1") to "out.csv" CSV
```

作成した CSV ファイルについては，エクセルだけでなく，Python や R といった他のソフトウェアでも利用可能である．

Python で，csv モジュール[*6] を用いたデータの読み込みと，Matplotlib[*7] を用いたグラフの

[*4] https://dev.mysql.com/doc/refman/5.6/ja/select-into.html
[*5] https://www.postgresql.jp/document/10/html/sql-copy.html

描画を行うプログラムの例をコード 4.9 に示す．このプログラムでは，2 つの数値が区切られて入っている CSV ファイルのファイル名を入力として，散布図を作成する．

6 章で紹介する DBMS と直接，データのやりとりをするプログラム (コード 6.12) と組み合わせることで，中間ファイルを利用しない方法も実現できる．

これらのデータを取り扱うためのさまざまな事例は，本書のウェブページ(`https://www.kspub.co.jp/book/detail/5193105.html`)で公開しているので，必要に応じて参照していただきたい．

◀ コード 4.9　Python による CSV ファイルの読み込みと散布図の描画 ▶

```python
#!/usr/bin/env python3
#-*- coding: utf-8 -*-
from matplotlib import pyplot
import csv
import sys
argvs = sys.argv
if (len(argvs) != 2):
    print('Usage python3 %s filename' % argvs[0])
    quit()
fileName = argvs[1]
x = []
y = []
with open(fileName, "r") as csvfile:
    reader = csv.reader(csvfile)
    for row in reader:
        x.append(float(row[0]))
        y.append(float(row[1]))

pyplot.scatter(x,y)
pyplot.show()
```

---

*6 https://docs.python.org/ja/3/library/csv.html
*7 https://matplotlib.org/

➤ 4.3 OLAP(OnLine Analytical Processing)

◐ 4.3.1 OLAPの考え方

　関係データベースを用いたデータ処理には，日々の業務などに対応して，新たなデータの追加，修正，検索といったデータ処理 (**トランザクション処理**) と，そのデータベースを分析して傾向などを把握するというデータ分析という2つのタイプの処理が存在する．前者の処理の支援を目的としたものとして**OLTP**(OnLine Transaction Processing) があり，後者の支援を目的としたものとして**OLAP**(OnLine Analytical Processing) がある．

　OLAP は，インタラクティブで多角的なデータ分析を支援するための枠組みである．OLAP のシステムでは，分析のための問い合わせを高速化するために，RDBMS に対して，毎回，直接 SQL を使って問い合わせるのではなく，分析対象となる関連のデータのみ問い合わせるよう，問い合わせのための多次元データモデル (**OLAP キューブ**と呼ぶ) をスナップショットとして保存する．これを用いることで，毎回，関連する複数のテーブルを join するなどの操作を行わずに分析でき，ユーザは複雑な条件を持つ分析であっても高速かつインタラクティブに行えるようになる．

　OLAP では，OLAP キューブから，スライシング・ダイシング・ドリルダウン (ドリルアップ) の3種類を組み合わせながら，分析に役立つ2次元のクロステーブルを作成する．図 4.9 は，地域・年代・性別ごとで整理された顧客数に関するデータを想定した場合の OLAP キューブの例である．

　ここで，前面の2次元がクロステーブルの次元と考え，残りの次元については，すべての項目について値を考慮せず集計すると考えると，左上のキューブでは，性別の違いを考慮せずに，年代と地域に関するクロステーブルを表示することを意味している．

　スライシングとは，多次元データモデルである OLAP キューブから一部を切り出す操作になる．図 4.9 の右上のキューブは，性別が男性であるデータに絞り込み，年代と地域の関係を分析するためにクロステーブルを切り出す操作により作成されている．

　ダイシングとは，クロステーブルで見る次元の組合せを変更する操作で，3次元の場合は，このキューブを回転させる操作になる．図 4.9 の右下のキューブは，地域の代わりに性別と年代の関係を分析するために，キューブを回転させて新たなクロステーブルを切り出す操作により作成されている．

　ドリルダウンとは，属性値の分類粒度を細かくする操作である．例えば，年代を考えるときに，10歳きざみから5歳きざみに変更する操作や，北海道，東北，関東，中部，近畿，中国，四国，九州，沖縄といった大まかな地方分類から，47 都道府県のレベルに詳細化するといった操作となる．図 4.9 の左下のキューブは，ドリルダウンにより，年代の幅をより細かなきざみに分割する操作によって得られるキューブとなる．逆に，分類粒度を粗くする (まとめ上げる) 操作をドリルアップと呼ぶ．

　今回紹介した事例では，図による表記の分かりやすさを考慮して，3つの属性による3次元の OLAP キューブを利用しているが，一般にはより高次元のハイパーキューブの利用が想定されている．

　OLAP では，このような作業を繰り返し行うことで，特定の関心に対するデータ群に対して，適切な粒度で，特定の属性間の関係を分析することが可能となる．ただ，この作業プロセスは，OLAP を

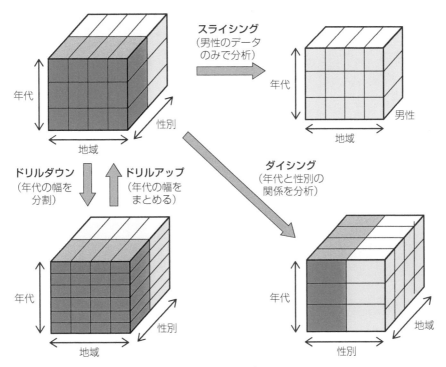

図 4.9　OLAP キューブとその操作

使うユーザによる仮説生成から検証といったサイクルを回しながら行うことが想定されており，上記のようなキューブへの操作が高速に実現されることが求められる．

　そのため，OLAP で行う操作は，SQL の集計操作などを用いた計算ではなく，RDBMS とは関係しない別の処理として扱うことで，高速化を実現している．具体的には分析の対象となる，ある程度の大きさを持ったデータを，あらかじめ RDBMS などから切り出し，最も次元が大きく粒度を細かくした OLAP キューブとして保存することで必要な集計作業を高速に行う．

4.3.2　エクセルのピボットテーブルを用いた OLAP 的分析

　エクセルは RDBMS と OLAP 用の拡張ソフトウェアを組み合わせることで，OLAP 機能を実現することができる．このソフトウェアを使うとデータベースに対して操作を行い，適切な OLAP キューブを選択することができるため，大規模なデータを扱うことができるようになる．しかし，データ量が少ないような場合に，例えば，データベースの内容をそのまま，エクセルの表として取り込むことで，OLAP キューブを切り出した後の操作が実現できる．具体的には，エクセルにおいて，データの計算，集計，分析を行うための特殊な表である**ピボットテーブル**の機能を用いることで，多様な軸についてのクロステーブルを，多様な条件で容易に作成できるようになる．

　図 4.10 に，4.2 節で利用した気象情報に基づくピボットテーブルの例を示す．この例では，地名

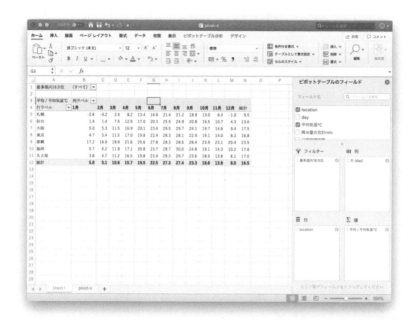

図 4.10　エクセルのピボットテーブルの例

(location) を行として，月ごとに分割した期間を列として設定している．元々の気象情報のテーブル属性には，日付の属性はあるが，「月」という属性は存在しないが，ピボットテーブルの属性値のグループ化の機能を使うことで，「月」に基づくテーブルが作成できる．

　また，ドリルアップ・ドリルダウンに対応する操作として，グループ化の操作がある．例えば，日付のグループ化の基準を変更し，1 週間ごとのデータとした分析も可能である (図 4.11)．

　さらに，スライシングに対応する操作としては，フィルターという項目を利用することができる．ここでは，最多風向 16 方位を選び，例えば，「南」という項目を選択すると南風が吹いた日の平均気温が分かるだけでなく，札幌や仙台では，5 月から 7 月には，南風が 1 日も吹いていないことなどが分かる (図 4.12)．

　また，スライシングに対応する操作としては，項目ごとに，特定の値を有するデータを選択して残すようなフィルター機能や，ピボットテーブル以外の値を指定することもできるスライサー機能により，スライシングが可能である．例えば，日照時間について，スライサーを設定し，0 を選択すると，日照時間が 0 の日の平均気温が表示される (図 4.13)．この結果から，日照時間が 0 の日は，それ以外の日に比べて，明らかに平均気温が低いことが確認できる．

　また，ダイシングに対応する操作としては，異なる列の選択を行うことができる．列として，日付の代わりに，最多風向 16 方位を設定することによって，1 年間の最多風向 16 方位を表示することが可能である．札幌では，先ほどの分析で，夏の南風が少ないと思われたが，図 4.14 からそもそも南風の日が少なく，「南南東」あるいは「南東」の日が多い日が確認できる．この原因について，札幌を基準

図 4.11　グループ化：集計単位の変更 (月→週)

図 4.12　フィルター：最多風向 16 方位が南風の日のみを選択

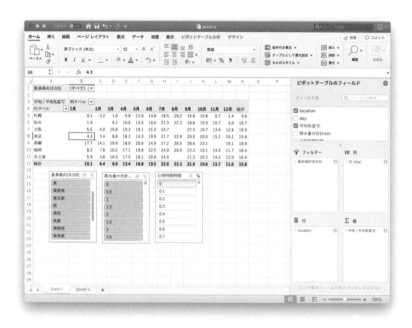

図 4.13　日照時間でスライシング

とした地理的な条件を考えると，西から南にかけて山が多く，山にぶつかって風向が変わるため，単純に南からの風とならずに，「南南東」あるいは「南東」の風になると推察できる．

　このように表層的に見れば単純な表に対する操作ではあるが，さまざまな観点から分析することで，より詳細な分析が可能となる．

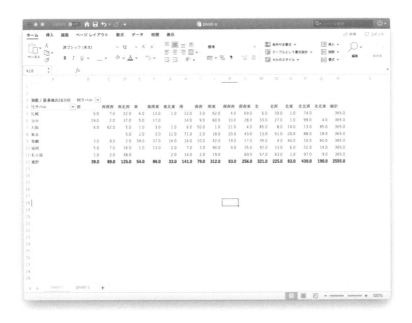

図 4.14　ダイシング (地名-風向)

参考4.2　可視化による利点と欠点

　本章で紹介したさまざまな手法を用いてデータベースを可視化することで，データが持っている性質を理解するための補助的な情報を得ることができるだけでなく，データ間の関係を直感的に理解するための支援が可能となる．特に，データが大規模になると，個別のデータを 1 つ 1 つ見ていくことは大変難しくなるため，データ群の性質を理解し，その説明を与えるために，可視化による分析は不可欠な技術である．

　一方で，適切でない設定によって得られる可視化結果は，データに対する誤った理解を与える危険性があることに気をつけねばならない．先ほどの「札幌」における「南風」の例のように，データの特性に十分な注意を払うことをせずにデータを分析すると，誤った解釈を導いてしまう場合がある．また，特に，表計算ソフトなどに実装されている可視化ツールを使う場合には，グラフのスケーリングと表示範囲についても考える必要がある．可視化ツールによって得られる多くの線グラフや棒グラフにおいて，グラフのスケーリングと表示範囲について特に設定をしなければ，変動のある区間を最大限に表示するように設定されることがある．

　例えば，1 か月間の円とドルの相場の動きについて，1 ドルが 108 円から 112 円の間で変動したと仮定する．この場合，プラスマイナス 2%ほどの変動が表示される．これに対して，円–ドルよりも変動の大きな通貨ペアについて円–ドルと同じ変動幅を意識的に設定しなければ，たとえ変動の幅が 10%以上あっても，同じような値動きのように見えてしまう場合がある．全体に対しての値動きを考えると，そのリスクの差は非常に大きい．

　可視化は強力なツールであるが，どのような可視化が適切かを常に考えなければ，思わぬ罠に

はまってしまうことがあるので，気をつけたい．

➤ 第4章　練習問題

4.1　自分の住んでいる都市について，気象庁のページから同ような情報を収集し，同じく可視化せよ．

4.2　さらに，ピボットテーブルを作成し，さまざまな観点から分析せよ．

{ 第 5 章 }

NoSQL

　NoSQL(Not only SQL) とは，近年のビッグデータ解析など，従来の SQL をベースにした RDBMS が不得意とするデータを解析するために開発された DBMS の総称である．本章では，これらの DBMS のタイプについて紹介するとともに，代表的な DBMS の利用方法などについても説明する．

➤ 5.1 RDBMS の問題と NoSQL の分類

　1 章でも簡単に述べたが，2000 年代になり，インターネットから得られる情報が飛躍的に増加しただけでなく，多数のセンサーからのデータの取り扱いなど，大規模な情報を取り扱う要求が増えてくることになった．

　ところが，既存の RDBMS では，扱うデータ数が増加するにつれ，以下のような問題点が指摘されるようになった．

- 正規化などを考慮して整理された複数のテーブルで保存する枠組みは，整合性を保持しつつデータを管理するには有用であるが，複数のテーブルを組み合わせた大きなテーブルに対する操作を行うためには，大規模データに対する join を行う必要があり，その計算コストが高い．
- RDBMS では，さまざまなタイミングでデータの読み書きが行われるため，操作中の処理の一貫性を確保する (例えば，データを読み出している間は書き込みを禁止することで，データの一貫性を確保する) トランザクション処理が行われる．このような処理の一貫性を確保できることは RDBMS の特徴であるが，一方で，大規模データ処理においてオーバーヘッドとなる．
- スキーマの定義 (データベースにおいて，どのような属性値の組合せでデータを登録するかを定義する) やインデックスの構築 (データベースのアクセスの高速化を実現するために属性値に対応するデータの一覧のリストなどを作成する) は，定められたデータ構造を継続的に扱うには有用であるが，スキーマを変更するときのコストが高い．

このような問題に対し，E. Brewer は，2000 年の PODC (Principles of distributed computing) シンポジウムにおいて，**CAP 定理**という形で整理を行った．

この CAP 定理は，大規模 DBMS の作成時に発生する，以下の 3 つの項目に関するトレードオフを説明した定理で，以下の 3 つの性質を同時に成り立たせるシステムが存在しないことを説明している．

C:Consistency：データの一貫性の確保
A:Availability：データの高い可用性 (データをいつでも利用可能にすること)
P:Torrelance to network Partitions：データの分散に対する高い許容度

例えば，分散 DBMS(P) に対して，データの ·貫性 (C) を保証するためには，データの更新が起こるたびに，書き込み終了までデータベースをロックする必要がある．結果としてロックされている間はデータが利用できないため，データの可用性 (A) に悪影響を与える．一方で，データの可用性 (A) を向上させるために，分散 DBMS(P) に対して，データのロックといったデータ保護の手続きを行わないようにすると，問い合わせたタイミングで，古いデータと新しいデータが部分的に混合された結果が返される可能性が生じ，一貫性 (C) が損なわれる可能性がある．データの一貫性 (C) と可用性 (A) を向上させるためには，分散 DBMS(P) のように，データの更新に煩雑な操作を必要とする枠組みではなく，単一 DBMS などを使わざるを得ないことが示唆される．このように，これらの 3 つの項目を同時に満たすような DBMS を作ることは難しいため，例えば，一貫性の問題などを積極的に取り扱わない代わりに，大規模なデータを高速で扱えるような DBMS など，さまざまな DBMS が提案されるようになった．

初期段階には，これらの DBMS についての総称はなかったが，2009 年の分散データベースの研究者らの会合において，**NoSQL** という名称が提案されることとなった[1]．初期では，NoSQL の No の意味は，文字通り SQL を使っていない (No SQL) と解釈されていたが，RDBMS ではない DBMS であっても，SQL を問い合わせ言語として使えるものも含む場合があり，現在では，Not only SQL の略称と考えられている．

このような経緯で名づけられた NoSQL は，特定の形式を持つ DBMS の総称ではない (RDBMS 以外の DBMS) ことから，その DBMS の種類に応じて分類が行われている．NoSQL の分類にはさまざまなものがあるが，ここでは，DB-ENGINES[2] の分類などを参考にしながら，代表的な分類について紹介する．

- **Key-Value Store データベース**：文字通り，Key(検索のためのキーワード) と Value(属性値) の組み合わせを保存 (Store) する DBMS である．最もシンプルな形式のため，複雑な検索式を扱うことはできないが，高速に動作する．
- **列指向データベース**：RDBMS が基本的に行 (データベースのエントリ) を中心に扱うのに対し，列指向データベースでは，列 (属性) を中心にデータを扱う DBMS である．この DBMS では，

[1] 松下雅和 (2010), NoSQL の世界, 情報処理, 51(10), 1327-1331.
[2] https://db-engines.com/

RDBMS と比較して，列の追加が容易にできるだけでなく，大量の列を扱うことが想定されている．特に，テキスト文書データベースにおけるインデックス語の出現回数といった，大量の属性 (インデックス語) が存在するが，それぞれのエントリ (文書) には，限られた属性しか持たない (文書に含まれるインデックス語の数は限られている) ような，疎な関係を持つデータを効率的に扱えるという利点がある．

- **ドキュメント指向データベース**：XML や JSON 形式などの半構造化データを扱う DBMS である．スキーマの定義などが，既存の RDBMS などに比べて柔軟に行えるといった利点や，データ構造の値自体がさらに構造を持つ入れ子構造も扱える．

- **RDF データベース**：RDF(Resource Description Framework) とは，W3C により提案されているウェブ上にあるリソースについてのメタデータを記述する枠組みであり，Linked Open Data(ウェブ上で公開されているさまざまなデータ (オープンデータ：Open Data) を関係づけて (Link して) 知識化したもの) や**ナレッジグラフ** (knowledge graph：さまざまな実体 (Entity：人や組織といった個物やイベントなどの情報を含む) 間の関係を知識として表現したグラフ) などで用いられるデータ形式である．RDF データベースは，RDF で表現されたデータに特化した DBMS である．RDF によるメタデータの記述がグラフ構造になることから，グラフデータベースの一種として扱われる場合もあるが，RDF データベース専用の問い合わせ言語である SPARQL への対応がなされている．

- **グラフデータベース**：ネットワーク関係などを表すグラフに特化した DBMS であり，最短経路探索など，ネットワークデータに特有の操作などを簡単に行うことができる．

➤ 5.2　さまざまな NoSQL データベース

本節では，5.1 節で述べた NoSQL の分類に対応する形で，各データベースの詳細とその代表的なシステムについて説明する．

5.2.1　Key-Value Store データベース

Key-Value Store データベースは，さまざまなプログラミング言語で実装されている Dictionary(Java や Python など) や Hash(Ruby や Perl など) のように，Key と Value の組合せを保存する DBMS である．RDBMS と比較すると，単純な問い合わせのみを扱うことになるが，高速なデータベースへの問い合わせが期待されるような場面で利用されている．

高速化を行うため，記憶装置の I/O 速度を考慮して，データの実体がハードディスクなどの 2 次記憶装置ではなく，1 次記憶装置である実メモリ上への保管が想定されている．また，データモデルがシンプルであるため，複数のデータベースシステムを連携した分散処理などが実装されていることが多い．一方で，多くの RDBMS で実装されているトランザクション管理 (例えばデータの書き込みのトランザクションの処理が終わらない段階で，読み出しのトランザクションの要求があったときに書

き込みのトランザクションを待つ) などができないものも多い.

　また, 1次記憶装置の利用を想定しているため, 揮発性 (電源を切ると内容が失われる) のデータベースとなっている場合があり, 必要に応じて, スナップショット (メモリ内容のバックアップ) をとることで, 一定程度の永続性 (電源を切っても, スナップショットから復旧する) を保持する方法なども実装されている.

　Key-Value Store データベースの代表的な DBMS としては, Redis[*3] や memcached[*4] などがある.

　これらの DBMS がよく用いられる代表的な用途としては, 高速な応答が要求される一方で, データの一貫性がそれほど重要ではない, 例えば Web サービスのキャッシュなどがある. また, キャッシュサービスでの利用を想定した機能として, 多くの DBMS には, LRU(Least Recently Used:ある時点から, あまり使われなかったもの) のデータを自動的に削除することで, DBMS のメモリ使用量をおさえる方法などが実装されている.

　また近年では, Redis のように, Value としてシンプルな文字列のみを扱うのではなく, ハッシュやリストなど, 構造を持ったデータを扱うための拡張や, 得られた値に対する数値演算, 地理座標に関する制約条件の利用などの拡張が行われているものも現れてきている.

　また, Python, Ruby, Java といった多くの言語から直接データベースを操作するライブラリなどが提供されていることも多い. これらのプログラム言語を用いたプログラムにおいて大規模なデータにアクセスするとき, プログラム言語で提供されている Hash や Dictionary の代わりに利用することで, プログラムの高速化や, 事前のデータ読み込みなどが可能となる.

▶ 5.2.2　列指向データベース

　RDBMS では, エントリを行, 属性を列と考えることで, テーブルで表すことのできる関係をデータベースに格納している. RDBMS では, 属性間の関数従属性を考慮したスキーマ設計を一度行うと, エントリの追加は簡単だが, 属性の追加・削除などは難しいという性質がある (3.2 節).

　また, テキスト文書データベースにおけるテキスト文書 (エントリ) と各インデックス語の出現回数 (属性) のようなテーブルを考える場合には, 大量の属性が存在することになり, 非常に大きなテーブルを取り扱う必要がある. ただし, このようなテーブルの多くは, 疎な (sparse) データと呼ばれる属性の (0, NULL 以外の) 値を持つことは非常に少ない. 基本的に RDBMS では, すべての属性に対し, 値の情報を保存するための領域を確保することから, このようなデータを格納する場合, 非常に大きなデータ領域を必要とする.

　これに対し, **列指向データベース**では, 「各列ごとに, 関連するエントリとその値」といった形でデータを格納するため, (0, NULL 以外の) 値を持たないエントリについては, 明示的にデータ領域を利用する必要がなく, 効率的なデータの格納が可能となる.

　特に, 近年のさまざまなデータリソースからデータを集めて解析を行うような場合に, データの欠損や, データリソースごとに扱う属性が違う, といった問題が発生する場合にも, 列指向データベー

[*3] https://redis.io/
[*4] https://memcached.org/

スでは，柔軟にデータを保存することが可能となる．

　また，行ごとに別々のマシンで管理するような分散処理も容易であり，大規模データを取り扱いやすいことも，列指向データベースが利用される 1 つの理由である．代表的な列指向データベースとしては，Apache Cassandra[*5] や，Google Cloud Bigtable[*6] などが存在する．

　列指向データベースの利用が想定される場面として，トランザクションデータや，文書中に含まれる単語のインデックスのように，属性の値が多数存在する場合などがある．

　このようなデータを RDBMS で表現するためには，第 1 正規形を満たすために，トランザクション ID や文書 ID をキー属性として，トランザクション中に含まれるアイテムや文書中に含まれる単語を属性として，複数のエントリを作成する必要がある (図 5.1)．これに対し，列指向データベースでは，トランザクション中のアイテムや文書中に含まれる単語の存在の有無という属性を設定し，トランザクションや文書に対応する 1 つのエントリに対して，存在するアイテムや単語に対応する属性に値を設定することで表現する (図 5.2)．そのため，RDBMS よりも効率的にデータを格納でき，複数の属性間の関係を扱うようなトランザクションのデータベースのマイニングや，文書データにおける共起語解析のようなデータの解析時に，RDBMS よりも効率的な処理を行うことが期待できる．

トランザクション ID	アイテム
1	A
1	B
1	C
1	D
2	A
2	C
…	

図 5.1　RDBMS におけるトランザクションデータの表現

トランザクション ID	A	B	C	D	E	…
1	1	1	1	1		…
2	1		1			…
…						

図 5.2　列指向データベースにおけるトランザクションデータの表現

5.2.3　ドキュメント指向データベース

　ドキュメント指向データベースで扱うドキュメントとは，平文で書かれたドキュメントではなく，XML に代表されるような構造化ドキュメントが想定されている．

[*5] http://cassandra.apache.org/
[*6] https://cloud.google.com/bigtable/

　そこで，ドキュメント指向データベースの説明を行う前に，XML を例にとり，構造化ドキュメントについて簡単に説明する．

　XML とは，eXtensible Markup Language（拡張可能なマークアップ言語）の略であり，ウェブページの記述に用いられる HTML（Hyper Text Markup Language）と同じく SGML（Standard Generalize Markup Language）の後継となる言語であり，タグを用いた入れ子構造を用いて構造化データの表現を可能にする言語である．ただし XML では，タグ自体の定義が可能である点が，決められたタグセットを使う HTML と大きく異なる．

　ある学校（school）に属する学生の情報を表現する XML の文書の例をコード 5.1 に示すとともに，この文書のデータ構造に関する定義である **DTD**(Document Type Definition) の例をコード 5.2 に示す．これを用いて，XML で表現される内容について解説する．

◀ コード 5.1　XML によるデータ表現 ▶

```
 1   <?xml version="1.0"?>
 2   <!DOCTYPE school SYSTEM "school.dtd">
 3   <school>
 4     <student id="7900012">
 5       <name>情報 太郎</name>
 6       <email>taro@fakefake.ac.jp</email>
 7     </student>
 8     <student id="7900013">
 9       <name>北大 花子</name>
10       <mobile number="090-xxxx-xxxx"/>
11     </student>
12   </school>
```

◀ コード 5.2　DTD によるデータ構造の定義 ▶

```
 1   <!ELEMENT school(student)*>
 2   <!ELEMENT student (name, (email | mobile))>
 3   <!ATTLIST student id CDATA #REQUIRED>
 4   <!ELEMENT name (#PCDATA)>
 5   <!ELEMENT email (#PCDATA)>
 6   <!ELEMENT mobile EMPTY>
 7   <!ATTLIST mobile number CDATA #REQUIRED>
```

　コード 5.1 の 1 行目は XML の文書である宣言であり，2 行目は XML の文書で記述するデータ構造に関する DTD への参照である．そして，3 行目以降が実際のデータに関する記述である．3 行目以降のデータは，2 行目で参照している DTD (コード 5.2) を用いて解釈される．

　コード 5.2 の 1 行目では，school というデータは，複数の student を持つことを示している (*は，要素の繰り返しを示す)．2 行目により，student は name と，email もしくは mobile という子要素を持つことが示されている．3 行目により，student には，id という文字列 (CDATA) で表される必須の属性を持つことが示されている．4 行目と 5 行目は，name と email がその子要素として，XML パーザ*7 で解釈される文字列 (PCDATA) を持つことを示している．6, 7 行目は，mobile について，子要素を持たず，number という文字列 (CDATA) で表される必須の属性を持つことが示されている．

　これらを組み合わせてコード 5.1 の内容を解釈すると，school データには 2 個の student 要素が定義され，1 つ目の student のデータは，id が 7900012，name が「情報 太郎」，email が taro@fakefake.ac.jp であり，2 つ目の student のデータは，id が 7900013，name が「北大 花子」で，mobile number が 090-xxxx-xxxx であることが記述されている．

　また，このデータは，コード 5.2 で与えた DTD における属性定義や必須の属性に関する条件を満たしているため，XML パーザは，このドキュメントを valid(妥当) と判断する．

　XML において，DTD の記述は必須ではない．そのため，DTD への参照を持たないドキュメントも作成できる．その場合には，ドキュメントの記載が文法的に正しいかどうか (開始タグが終了タグで閉じているかどうかなど) のみをチェックすることになる．このような条件を満たしたドキュメントについては，valid ではなく，well-formed(正しく整形された) と呼ぶ．

　XML では，データ構造の定義を DTD という形で定義することにより，データ構造の定義ができるだけでなく，データ構造を明確に決めなくても，XML の規則で構造化（データが木構造として整理）されていれば，構造化データを表現することができるため，あらかじめデータ構造を決めないままデータベースの構築が可能になる．

　また，XML には，XPath と呼ばれる XML に対する検索をするための言語が提供されており，SQL とは異なる形でのデータ操作が行うことができる．

　一方，XML は，拡張性を考慮して，ある程度の冗長性を許容する記述形式となっている．しかし，柔軟な構造化データを表現するという目的を単純に考えた場合には，XML は，冗長でデータ長が長くなるだけでなく，テキストを解析してデータに変換するコストもかかる．このため，よりシンプルに構造化データを表現する方法として **JSON** (JavaScript Object Notation) が提案されている．JSON は，入れ子構造のデータを，配列，キーと値のペア (Key-Value pair) などを用いて表現できる枠組みである．JSON は，その名前の通り JavaScript でのデータ交換に広く用いられ，さまざまな Web アプリケーションで利用されている．

　コード 5.3 に JSON によるデータ記述の例を示す．データ形式は非常にシンプルである．「[」と

---

*7 XML パーザとは，XML の文書を読み込んで，定義されているデータ構造の情報を取り出すソフトウェアである．この XML パーザでは，<> といったタグに使われる情報は，特別な解釈がされる．これに対し，CDATA では，XML パーザを用いないので，<> などの文字も文字通り解釈される．

「]」で囲まれた部分が配列を表し，各要素は「,」によって区切られている．また，「{」と「}」で囲まれた部分がキーと値のペアの組合せを表し，キーと値は「:」によりペアとしてまとめられ，各ペアは，「,」によって区切られている．

◀ コード5.3　JSONによるデータ表現 ▶

```
 1   [
 2     {
 3       "id": 7900012,
 4       "name": "情報 太郎",
 5       "email": "taro@fakefake.ac.jp"
 6     },
 7     {
 8       "id": 7900013,
 9       "name": "北大 花子",
10       "mobile": "090-xxxx-xxxx"
11     }
12   ]
```

　コード5.3を解釈すると，2つの要素からなる配列を持ち，1つ目の要素が，idが7900012，nameが情報 太郎，emailがtaro@fakefake.ac.jpというキーと値のペアの組合せとなり，2つ目の要素が，idが7900013，nameが北大 花子，mobileが090-xxxx-xxxxというキーと値のペアの組合せである．これは，コード5.1で表現したデータに対応するJSONの表現であるが，全体の配列がschoolを表すといった情報や，それぞれのキーと値のペアの組合せがstudentを表すといったことは明示的には記述されていない．しかし，データのやりとりをする相手が明確に決まっている場合には，データの説明が不要なことも多く，こちらの表現のほうがより簡単で効率的と考えることもできる．

　コード5.3について，idがユニーク属性であるといったことを前提として，コード5.4の形式でも表現可能である．このとき，キーは文字列であることが前提なので，idは文字列として表現する．

◀ コード5.4　JSONによるデータ表現 (別形式) ▶

```
 1   {
 2     "7900012" : {
 3       "name": "情報 太郎",
 4       "email": "taro@fakefake.ac.jp"
 5     },
 6     "7900013" : {
```

```
  7        "name": "北大 花子",
  8        "mobile": "090-xxxx-xxxx"
  9      }
 10    }
```

　ドキュメント指向データベースは，XML や JSON による構造化データの表現をデータモデルとして保存し，さまざまな検索を可能とする DBMS である．XML データベースでは，XPath などによる検索を行うことができる．JSON ベースのデータベースでは，配列やキーと値のペアの組合せによる検索が可能である．

　XML データベースについては，Oracle などの RDBMS が XML データベースとしての機能を実装していることなどもあり，単純な XML データベースとして，代表的なものはあまりない．一方で，JSON ベースの DBMS としては，MongoDB[*8] や Couchbase[*9] などがある．

5.2.4　RDF データベース

　RDF(Resource Description Framework) とは，W3C により提案されているウェブ上にあるリソースについてのメタデータ (データに対するデータ) を記述する枠組みである．このデータは，世界中で公開されているオープンデータを関連づけることにより，その価値をいっそう高めようとする活動である **Linked Open Data** やさまざまな実体間の関係を記述したナレッジグラフなどで用いられているデータ形式である．特に，Wikipedia から抽出した実体間の関係を表現する DBpedia[*10] を用いると，さまざまな人や組織などについての情報を得ることが可能である．

　RDF では，リソースに関するデータを主語 (メタデータを付与する対象となるデータ)，述語 (データ間の関係)，目的語 (メタデータとして関係づけるデータ) の 3 組である RDF triple という形式で表現する．この RDF データは，主語，目的語をノード，述語をリンクとして表すことで，グラフとして表現可能となる．図 5.3 に「`http://www-kb.ist.hokudai.ac.jp/~yoshioka/`」の「作者 (`dc:creator`)」は「吉岡真治」である，という情報をグラフ表現した場合と，対応する XML 表現をコード 5.5 に示す．

コード 5.5　RDF によるメタデータの表現 (XML 表現)

```
  1    <?xml version="1.0" encoding=" UTF-8" ?>
  2    <rdf:RDF xmlns:rdf="http://www.w3.org/1999/02/22-rdf-syntax-ns#"
  3      xmlns:dc="http://purl.org/dc/elements/1.1/" xml:lang="ja">
  4      <rdf:Description rdf:about="http://www-kb.ist.hokudai.ac.jp/~yoshioka/">
  5        <dc:creator>吉岡真治</dc:creator>
```

[*8] https://www.mongodb.com/
[*9] https://www.couchbase.com/
[*10] https://wiki.dbpedia.org/

```
6    </rdf:Description>
7    </rdf:RDF>
```

http://www-kb.ist.hokudai.ac.jp/~yoshioka/

dc:creator

吉岡真治

主語
(メタデータをつける対象)

述語
(メタデータのタイプ)

目的語
(メタデータの値)

図 5.3 RDF によるメタデータの表現 (グラフ表現)

Linked Open Data として公開されているデータベースは，この RDF データベースを用いて公開されており，RDF のための検索言語である **SPARQL** という言語を使って，検索を行うことができる．このような検索を行うインタフェースを**エンドポイント**と呼び，ユーザは SPARQL を使うことで，さまざまな検索を行うことができる．

SPARQL は SQL に似た検索言語で，コード 5.6 のような形式で SELECT WHERE による検索式を記述できる．

◀ コード 5.6　SPARQL による検索式 ▶

```
1    SELECT DISTINCT ?s WHERE {
2      ?s <http://www.w3.org/1999/02/22-rdf-syntax-ns#type>
          <http://dbpedia.org/ontology/MusicalWork> .
3      ?s <http://dbpedia.org/ontology/writer> <http://dbpedia.org/resource/Paul_McCartney>
4    }
```

コード 5.6 の例では，?s について，WHERE 句の制約条件を満たすものが検索される．具体的には，?s のタイプ (クラス) が音楽 (MusicalWork) であること，?s は writer のメタデータの値 (目的語) として Paul_McCartney を持つという制約を与えている．このクエリを DBpedia のエンドポイントに対して与えると，DBpedia が抽出に成功した Paul_McCartney と writer の関係を持つ曲の一覧を得ることができる．

同様のサービスは，さまざまなところで公開されており，例えば，日本語の Wikipedia から抽出したデータを Linked Open Data 化した DBpedia Japanese[*11] でも，エンドポイント[*12] を公開している．

[*11] http://ja.dbpedia.org/
[*12] http://ja.dbpedia.org/sparql

DBpedia Japanese のトップページには，例えば，誕生日が 1 月 1 日の人を検索するなど SPARQL のさまざまな検索例が公開されている．

代表的な RDF データベースとしては，virtuoso や Apache Jena などがある．また，先にも述べたように，グラフデータベースとの親和性が高いため，Allegro Graph や GraphDB など両者の機能を持ったような DBMS も存在する．

▶ 5.2.5 グラフデータベース

グラフデータベースは，ノードとリンクからなるグラフ構造を扱うためのデータベースである．グラフデータベースでは，グラフ構造で与えられたデータに対し，ノード間の最短経路検索，ノードの到達可能性判定 (与えられた 2 つのノードがつながっているか) などの操作を実現する．

グラフ構造は，ノードに関するテーブルと，ノード間の関係を表すリンクのテーブルを用いることで，RDBMS でも表現可能である．しかしながら，グラフの操作を SQL で行うことは困難である．例えば，2 回のリンクをたどってつながるノード間の関係は，リンクに関するテーブルを 2 回 join することで得られるが，複数回の経路をたどるには，その回数分の join が必要になり，操作を記述する観点だけでなく，実行速度の観点からも問題となる．

また，従来の RDBMS で格納されるようなデータについても，その検索要求に応じて，グラフデータベースを用いたほうが効率的に検索できる場合などについて，検討が行われている．

具体的なグラフデータベースの利用法として，代表的なグラフデータベースである Neo4j[13] と，先に述べた DBpedia から収集した映画に関するメタデータを用いて作成したグラフを用いて説明する．

まず，映画 (`<http://dbpedia.org/ontology/Film>`) のリストを検索する（コード 5.7）．検索結果が多すぎて，このあとの処理のコストがかかるため，`American_films` というカテゴリに属していて，封切り日の文字列の先頭が 20 のもの (封切り日の情報が文字列で与えられている 2000 年以降のアメリカ映画) だけに限定してデータを獲得する．

◀ コード 5.7　SPARQL による映画の検索 ▶

```
SELECT DISTINCT ?s WHERE {
  ?s <http://www.w3.org/1999/02/22-rdf-syntax-ns#type> <http://dbpedia.org/ontology/Film>.
  ?s <http://purl.org/dc/terms/subject>
      <http://dbpedia.org/resource/Category:American_films> .
  ?s <http://dbpedia.org/property/released> ?date .
  FILTER regex(?date, "^20")
}
```

---

[13] https://neo4j.com/

　ここで得られた映画のデータに対し，俳優，監督，プロデューサの情報を得る．例えば，Ted_2 という映画に対して，コード 5.8〜5.10 のクエリにより，俳優，監督，プロデューサの情報が得られる．

　ここで，映画と俳優，監督，プロデューサの関係は，いずれも 1 対 1 ではないため，正規形を満たした RDBMS のテーブルを作成するためには，図 5.4 のように，3 つのテーブルに分けてデータを格納する必要がある．

◀ コード 5.8　Ted_2 に出演している俳優のリスト (SPARQL) ▶

```
1  SELECT DISTINCT ?s WHERE {
2    <http://dbpedia.org/resource/Ted_2> <http://dbpedia.org/ontology/starring> ?s .
3  }
```

◀ コード 5.9　Ted_2 の監督リスト (SPARQL) ▶

```
1  SELECT DISTINCT ?d WHERE {
2    <http://dbpedia.org/resource/Ted_2> <http://dbpedia.org/ontology/director> ?d .
3  }
```

◀ コード 5.10　Ted_2 のプロデューサのリスト (SPARQL) ▶

```
1  SELECT DISTINCT ?p WHERE {
2    <http://dbpedia.org/resource/Ted_2> <http://dbpedia.org/ontology/producer> ?p .
3  }
```

映画	俳優
Ted_2	Morgan_Freeman
Ted_2	Mark_Wahlberg
...	
Rock_Slyde	Andy_Dick
...	

映画	監督
Ted_2	Seth_MacFarlane
...	
...	
Rock_Slyde	Chris_Dowling
...	

映画	プロデューサ
Ted_2	Scott_Stuber
...	
Rock_Slyde	Chris_Dowling
Rock_Slyde	Will_Wallace
...	

図 5.4　RDBMS における関係の保存

これに対し，グラフデータベース Neo4j では，その操作言語である Cypher を用いて，コード 5.11 に示すように，タイプつきのノードとラベルつきのリンクの組合せとしてデータを格納する．この Cypher の命令では，ノードのタイプとして，映画 (Movie) のノードを 1 つ，人間 (Person) のノードを 3 つ作成し，それぞれを監督 (DIRECTED)，プロデュース (PRODUCED)，出演 (ACTEDIN) として，それらの関係をラベルつきのリンクとして作成している．

コード 5.11　Cypher によるグラフデータの作成

```
CREATE (Ted_2:Movie {title:'Ted_2'})
CREATE (Seth_MacFarlane:Person {name:'Seth_MacFarlane'})
CREATE (Scott_Stuber:Person {name:'Scott_Stuber'})
CREATE (Mark_Wahlberg:Person {name:'Mark_Wahlberg'})
CREATE (Morgan_Freeman:Person {name:'Morgan_Freeman'})
CREATE (Seth_MacFarlane)-[:DIRECTED]->(Ted_2)
CREATE (Scott_Stuber)-[:PRODUCED]->(Ted_2)
CREATE (Mark_Wahlberg)-[:ACTEDIN]->(Ted_2)
CREATE (Morgan_Freeman)-[:ACTEDIN]->(Ted_2)
```

図 5.5 に，このグラフの可視化結果を示す．このように，グラフデータベースでは，ラベルつきのリンクを用いることにより，関係する実体の複数種類の関係をまとめて可視化することが可能となる．

このグラフに対する検索の例について説明する．コード 5.12 は，Morgan_Freeman を名前の値として持つ Person(a) が出演した (ACTEDIN) 映画 (m) を問い合わせる検索式になる．また，このような条件を満たしたものから，さらにグラフをたどるような式として，先の映画 (m) を監督 (DIRECTED) した人 (d) が監督した映画 (m2) に出演した俳優 (a2) を問い合わせることも可能である（コード 5.13 と図 5.6）．

コード 5.12　Morgan_Freeman が出演した映画のリスト (Cypher)

```
MATCH (a:Person {name:'Morgan_Freeman'})-[:ACTEDIN]->(m)
RETURN m
```

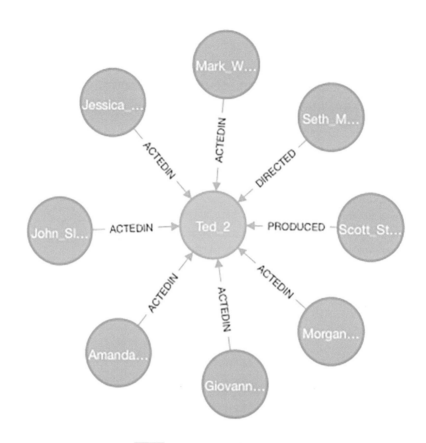

図 5.5　Neo4j によるグラフの可視化

◀ **コード 5.13**　`Morgan_Freeman` が出演した映画を監督した人が監督した映画に出演した俳優 (Cypher) ▶

```
1  MATCH (a:Person {name:'Morgan_Freeman'})-[:ACTEDIN]->(m)
2  <-[:DIRECTED]-(d)-[:DIRECTED]->(m2)<-[:ACTEDIN]-(b:Person)
3  RETURN a,m,d,m2,b
```

　このような結果は，テーブルとして表示しても理解しにくいが，グラフとして表現できれば視覚的にも理解しやすい (図 5.6)．ここで紹介したように，さまざまなタイプの実体間の複数の関係を扱うような検索の場合，グラフデータベースは，RDBMS に比べて検索式が直感的で分かりやすいだけでなく，RDBMS でコストのかかる join 操作を回避できることから，多数の実体の関係を表すようなデータベースにおいて利用されている．

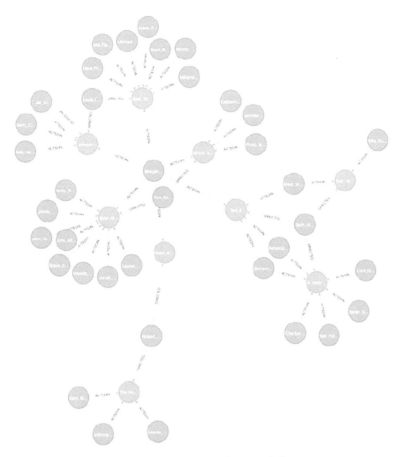

図 5.6　Neo4j によるグラフの可視化

　代表的な DBMS としては，先に述べた Neo4j や JanusGraph[*14] がある．検索のための言語は，Neo4j
では先に述べた Cypher という言語が使われているが，Apache プロジェクトの Apache TinkerPop[*15]
というグラフ計算のフレームワークの中では Gremlin という検索言語が提案されている．このように，
現在のグラフ検索に関する検索言語は，初期の RDBMS の導入時期と同様に，検索式の記述言語が標
準化されていない．しかし，Apache TinkerPop では，Neo4j を含むさまざまなグラフデータベース
をバックエンドのデータベースとして利用する方法など，検索式の違いを吸収するような枠組みの提
案もなされている．

5.2.6　その他の NoSQL データベース

　これまでに本節で紹介したもの以外にも，Java などのオブジェクト指向型言語のオブジェクトをそ

[*14] http://janusgraph.org/
[*15] http://tinkerpop.apache.org/

のまま格納し，クラス階層なども考慮した操作を実現することを目指したオブジェクト指向型データベース (現在では，PostgreSQL などに，その機能が反映されている) やテキスト検索に特化したような DBMS(例えば，Elasticsearch[*16]) など，さまざまなデータベースが提案されている．

　テキスト検索など，アプリケーションに特化した DBMS は，継続して開発利用されている場合もあるが，それ以外の DBMS では，その考え方が他の DBMS に組み込まれるという形で発展を遂げている場合も多い．既存の DBMS に不満を持った場合には，同ような不満を持っている人が新しい DBMS を考えている可能性もあるので，新しい DBMS を探してみるのもよいだろう．

➤ 5.3　まとめ

　本章では，2 章，3 章で紹介した RDBMS を補完するような，さまざまな DBMS について紹介してきた．ここでは，これまでに紹介してきたデータベースについて振り返るとともに，RDBMS との特徴的な違いについて整理したい．まず，ここで紹介した NoSQL データベースは，次のように分類し，それぞれと RDBMS の比較を考える．

1. 大規模なデータを高速に扱うことを主な目的として開発されたデータベース (Key-Value Store データベース, 列指向データベース)

　　これらのデータベースでは，大規模なデータベースに対する大量の問い合わせが発生する場合に問題となりやすい一貫性 (CAP 定理の C) の確保を犠牲にする代わりに分散データベースなどを用いて高い可用性を実現している．特に，Key-Value Store データベースは，キャッシュなどのように RDBMS が持つ一貫性の確保を犠牲にしても高速化したいといった場合によく用いられる．また，列指向データベースについては，単語と文書の関係などを表す場合に，複数のテーブルに分割して一貫性を持たせながら扱うのではなく，大量の属性の項目を持つような大きなテーブルを作ることで，毎回の問い合わせなどに高速に検索を行う仕組みを提供している．

2. スキーマ定義などの柔軟性を持つことなどを主な目的として開発されたデータベース (ドキュメント指向データベース)

　　これらのデータベースでは，入れ子構造を持つような複雑なデータ構造を RDBMS のようにスキーマ定義することなく，柔軟に利用できる点に特徴がある．具体的には，入れ子構造を持つような複雑なデータ構造を表現可能なドキュメント (XML や JSON) で記述するデータをそのままの形で取り込むことが可能であり，追加で属性を考えたりする可能性のあるような状況でのデータベースの利用なども可能となっている．

3. 特定のデータ構造を効率よく扱うためのデータベース (RDF データベース, グラフデータベース)

　　これらのデータベースは，特定のデータ構造 (RDF triple のようなメタデータやグラフネットワーク構造) に対して行われる特定のタイプの操作に特化したデータの操作などを実現するデータベースである．このデータベースを使うことにより，グラフ構造での 2 頂点の接続関係

[*16] https://www.elastic.co/jp/

の検証や，RDF の規格で定義されているさまざまな関係を考慮したデータの検索といった操作を高速に扱うことができる．

　ただ，近年では，Key-Value Store データベースの一例として紹介した Redis のように，多少のデータ構造を持つような Value を扱うことができるように拡張されたシステムも提案されている．そのため，上記の分類は，あくまでも典型的な事例に対する分類と理解してもらいたい．また，今後も，NoSQL が RDBMS 以外のデータベースという名前であることから分かるように，さまざまなニーズに応える形で，さまざまな NoSQL の DBMS が提案され続けると考えられる．

　このように，各 DBMS はここで紹介した NoSQL の 1 つの機能のみを持つものだけでなく，複数の機能を持つ DBMS も存在する．代表的な DBMS については各節でも紹介したが，最新のものについては，これらの DBMS を整理したページを参照することをお勧めする．

　代表的なページとして，DB-ENGINES[17] を紹介する．このページでは，RDBMS も含むさまざまな DBMS を，その分類を行うとともに，知名度[18] によるランキングを公開している．このランキングは継続的に月 1 回更新されているため，最新の動向を確認することが可能となっている．知名度の高い DBMS には，高い機能性を有する，バグが発見された場合にすぐ対応される可能性が高い，関連ドキュメントを見つけやすい，といったことが期待されるため，実際に利用する DBMS を決めるときに参考にすることをお勧めする．

参考5.1　**適材適所を考えた DBMS の選択**

　本章で紹介したように，さまざまな特徴を持った DBMS が利用可能になっている．また，その多くの DBMS がインターネットを介したオンラインアクセスや，ローカルの DBMS を他のプログラム言語から呼び出すようなインタフェースを持っている．

　そのため，1 つの DBMS とその操作言語だけで，すべての問題を扱う必要は必ずしもない状況となっている．例えば，グラフデータベースの例で述べた SPARQL によって映画のリストを取得したうえで，その映画に関するメタデータを検索するような作業のすべてを SPARQL で書く必要はない．具体的には，例えば Ruby や Python などのスクリプト言語から，RDF データベースやエンドポイントを呼び出し，映画のリストを取得し，そのリストから，スクリプト言語を用いて，新たな SPARQL の検索式を生成し，映画に関するデータを収集する，といったことも可能である．また，さらに，その結果をグラフデータベースで用いるデータとして登録する，といった作業を行うことで，複数の DBMS を組み合わせて利用できる．

　さまざまな特性を持つ DBMS についての知見を深めることで，適材適所の DBMS を組み合わせて使えるようになり，より柔軟な分析が可能になる．

---

[17] https://db-engines.com/
[18] https://db-engines.com/en/ranking_definition

➤ 第5章　練習問題

5.1　NoSQL には，必ずしも，大規模データに対する処理速度の向上を目的としたものだけでなく，特定のタイプのデータを容易に取り扱うことを目的にしたものも存在する．本章で紹介した NoSQL の分類が，どちらを目的にしたものかについて整理せよ．

5.2　レジで同時に購入された商品購入データ (バスケットデータ) の分析を対象にする場合に，RDBMS と列指向データベースを用いる利点，欠点について述べよ．

5.3　XML や JSON で結果を返す Web API(例えば，Open Search CiNII[*19]) などを用いて，XML や JSON によるデータ表現の実例を確認するとともに，可能であれば，そのデータ構造を扱うプログラムを作成せよ．

5.4　SPARQL のエンドポイント (例えば，日本語 DBpedia[*20] や英語版 DBpedia[*21]) を利用し，SPARQL による検索を実行せよ．日本語 DBpedia[*22] には，SPARQL 検索の事例もいくつか載っているので参考にしてもよい．

[*19] https://support.nii.ac.jp/ja/cia/api/a_opensearch
[*20] http://ja.dbpedia.org/sparql
[*21] https://dbpedia.org/sparql
[*22] http://ja.dbpedia.org/

$$\{ 第 \ 6 \ 章 \}$$

実践的データ分析事例

　Wikipedia は，MySQL を利用したシステムにより記事が管理されており，そのダンプデータが公開されている．本章では，このダンプデータとその利用法について，簡単に説明した後，RDBMS を利用した言語資源の作成方法について説明する．さらに，スクリプト言語などの他のプログラムと RDBMS を組み合わせて行うデータ分析についても説明する．

6.1 RDBMS を用いた Wikipedia ダンプデータの分析

　Wikipedia[*1] は，物理・化学・歴史・地理などの学術的な項目から，音楽・映画・アニメなどの文化的な項目までが含まれる世界最大のオンライン百科事典である．この Wikipedia は，誰もが自由に編集に参加できるというオープンな枠組みであるだけでなく，その内容がデータベースとして公開されており，誰もが，そのデータをデータベースとして入手することができ，さまざまな形で再加工することが可能である．

　本章では，まず，日本語 Wikipedia だけでなく，各言語版の Wikipedia のデータベースを RDBMS の操作対象として活用することによって，言語資源を構築する方法を説明する．

　また，RDBMS から取得した情報をスクリプト言語などを用いて加工して行う，データ分析の手法についても紹介する．具体的には，Wikipedia の記事中に存在する同表記異義語を持つ単語に対して，曖昧性の解消を行うためのいくつかの手法を説明するとともに，分析に用いる指標の妥当性についても議論する．

　本章で紹介したプログラムについては，その一部を本書のウェブページ (`https://www.kspub.co.jp/book/detail/5193105.html`) で公開しているので，必要に応じて利用していただきたい．

6.1.1 Wikipedia ダンプデータ

　Wikipedia は，ページの内容について，大規模なクローラ (ウェブページのリンクなどをたどって，

[*1] 英語版 `https://en.wikipedia.org/`，日本語版 `https://ja.wikipedia.org/`

網羅的にページの情報を収集するソフトウェア) による機械的収集を禁止している一方で，そのページの内容を，Wikipedia のシステムが利用している MySQL のデータベースのダンプとして，定期的に公開している[*2]．

　ここでは，主に，日本語 Wikipedia のページを利用する．日本語 Wikipedia のデータベースのダウンロード，MySQL データベースへのインポートについては，日本語 Wikipedia のデータベースダウンロードのページ[*3] が参考となる．

　本書では，2019 年 3 月 20 日版のデータに基づいて説明する．異なるバージョンのものを使った場合には，結果などが異なる可能性があることに注意されたい．

　Wikipedia のデータでは，ページ全体のデータだけでなく，さまざまな単位のテーブルデータが公開されている．それぞれのテーブルの詳細に興味がある場合には，MediaWiki のマニュアル中のテーブルの説明[*4] を参照されたい．

　データベースのダンプを読み込み利用する方法には，大きく分けて 2 つある．

- ページのデータを XML 形式でまとめたファイル (jawiki-20190320-pages-articles.xml.bz2) に xml2sql[*5] を用いて，mysql にインポートするファイルを作成する方法
- mediawiki のソフトウェアをセットアップして，Wikipedia データベースのダンプを取り込む方法[*6]

Wikipedia 全体のデータをすべてダウンロードし，利用するのが困難な場合もあるため，本書では，分析のために必要なテーブルだけをダウンロードして分析する事例を紹介する．

　具体的には，以下のテーブルを用いた分析を行う．

page：Wikipedia のページの ID とその内容を管理するテーブル．page の ID(page_ID) とタイトル (page_title) の関係や，ページのタイプ (page_namespace) の関係で記述されている．ページのタイプにはいくつかあるが，代表的なものとしては，通常のページ (0)，テンプレート (10)，カテゴリー (14) などがある．

langlinks：Wikipedia の 1 つの特徴である言語間リンクを表すテーブル．リンク元 (ll_from) は上記の page のテーブルの ID で表され，リンク先は言語 (ll_lang) とリンク先のページのタイトルの名前 (ll_title) で表される．

redirect：Wikipedia のページとページの間のリンクを表すテーブル．langlinks と同様に，リダイレクト元 (rd_from) は上記の page のテーブルの ID で表され，リダイレクト先はリダイレクト先のページのタイトルの名前 (rd_title) とページのタイプの組合せ (rd_namespace) で表される．

[*2] https://dumps.wikimedia.org/
[*3] https://ja.wikipedia.org/wiki/Wikipedia:データベースダウンロード
[*4] https://www.mediawiki.org/wiki/Category:MediaWiki_database_tables/ja
[*5] https://meta.wikimedia.org/wiki/Data_dumps/xml2sql
[*6] https://www.mediawiki.org/wiki/Manual:ImportDump.php/ja

pagelinks：Wikipedia のページとページの間のリンクを表すテーブル．langlinks と異なり，リンク元 (pl_from) は上記の page のテーブルの ID だけでなくページのタイプの組合せ (pl_from_namespace) で表され，リンク先はリンク先のページのタイトルの名前 (pl_title) とページのタイプの組合せ (pl_namespace) で表される．

　コード 6.1〜6.4 では，バッククォート (「'」) が利用されている．これは，テーブルや属性の名前が DBMS がそのシステムで利用する予約語と，これらの名前が一致したときでも，その名前を利用できるようにするために利用するものである．他の DBMS にデータを移すようなことが想定される場合に，DBMS ごとに予約語が違う可能性を考慮して，このような記述になっている．

◀ コード 6.1　テーブル page 中の属性リスト定義 ▶

```
'page_id' int(8) unsigned NOT NULL AUTO_INCREMENT,
'page_namespace' int(11) NOT NULL DEFAULT '0',
'page_title' varbinary(255) NOT NULL DEFAULT '',
'page_restrictions' varbinary(255) NOT NULL DEFAULT '',
'page_is_redirect' tinyint(1) unsigned NOT NULL DEFAULT '0',
'page_is_new' tinyint(1) unsigned NOT NULL DEFAULT '0',
'page_random' double unsigned NOT NULL DEFAULT '0',
'page_touched' varbinary(14) NOT NULL DEFAULT '',
'page_links_updated' varbinary(14) DEFAULT NULL,
'page_latest' int(8) unsigned NOT NULL DEFAULT '0',
'page_len' int(8) unsigned NOT NULL DEFAULT '0',
'page_content_model' varbinary(32) DEFAULT NULL,
'page_lang' varbinary(35) DEFAULT NULL,
```

◀ コード 6.2　テーブル langlinks 中の属性リスト定義 ▶

```
'll_from' int(8) unsigned NOT NULL DEFAULT '0',
'll_lang' varbinary(20) NOT NULL DEFAULT '',
'll_title' varbinary(255) NOT NULL DEFAULT
```

◀ コード 6.3　テーブル redirect 中の属性リスト定義 ▶

```
'rd_from' int(8) unsigned NOT NULL DEFAULT '0',
'rd_namespace' int(11) NOT NULL DEFAULT '0',
```

```
3    `rd_title` varbinary(255) NOT NULL DEFAULT '',
4    `rd_interwiki` varbinary(32) DEFAULT NULL,
5    `rd_fragment` varbinary(255) DEFAULT NULL,
```

◀ コード 6.4　テーブル pagelinks 中の属性リスト定義 ▶

```
1    `pl_from` int(8) unsigned NOT NULL DEFAULT '0',
2    `pl_namespace` int(11) NOT NULL DEFAULT '0',
3    `pl_title` varbinary(255) NOT NULL DEFAULT '',
4    `pl_from_namespace` int(11) NOT NULL DEFAULT '0',
```

6.1.2　言語間リンクを用いた翻訳辞書の構築

Wikipedia の 1 つの特徴である，言語間リンクを用いた言語資源の構築手法について簡単に説明する．言語間リンクとは，各言語版の Wikipedia に対応するページが存在する場合に，その間のリンクを設定することで，同じ内容の多言語版のページを確認できる，というものである．対応するページが存在する場合には，Wikipedia のページの左端の領域に，言語名とともに表示される．例えば，図 6.1 に示すように，日本語版の「データベース」の項目には，英語 (English) や中国語 (中文) などに対応するページの存在が確認できる．

ここでは，多くの言語間リンクにおいて，対象となる他の言語の見出し項目が元の言語の見出し項目の翻訳となっていることを利用した翻訳辞書の構築方法を考える．

言語間リンクは，Wikipedia 上のページ ID と，どの言語におけるどのページが対応するかを記述しているテーブルで与えられる (コード 6.2)．ただし，このテーブルには，ページ ID しか含まれないため，元の言語のページと関係づけるためには，ページに関するテーブル (コード 6.1) と結合する必要がある．

以下に，日本語のページに関するテーブル (page) と，言語間リンクのテーブル (langlinks) を結合して，英語 (en) との翻訳テーブルを作成する SQL をコード 6.5 に示す．

◀ コード 6.5　ページタイトルと言語間リンクを用いた翻訳辞書構築 (SQL) ▶

```
1    SELECT ll_title, page_title FROM langlinks INNER JOIN page ON
2    langlinks.ll_from = page.page_id WHERE ll_lang="en"
```

図 6.1　Wikipedia のページと言語リンク

　この結果，表 6.1 のテーブルが得られる．一般の辞書にはあまり存在しない固有名詞や専門用語などの翻訳辞書を得られることが本手法の特徴である．しかし，最後の「A_Civil_Action_(film)」[*7] のように，どちらかのタイトルページにだけ，その固有名詞のタイプを表すような文字列がつく場合がある．今回のケースは，英語版にはこの映画の原作である「A_Civil_Action」のページがあり，日本語版には，映画のページのみがあるために，このような対応関係になっている．

　これらの問題点に対応するためには，主に，曖昧性の解消を行うために追加される単語 (以下の場合の「film」のようなジャンルを示す語や，「広島_(香川県)」における「香川県」のように，同名の場所を特定するのに役立つ，より上位の国や地域名) が括弧つきで最後につけられることが多いことに注目して，その単語を削除するといった後処理を行う必要がある．

　このような対応関係のある他の言語がデータベース中にいくつあるかを調べる SQL をコード 6.6 に

[*7] Wikipedia のデータベース中では空白を「_」で表す．

表 6.1　langlinks を用いた日英翻訳対 (一部)

ll_title	page_title
'Amran_Governorate	アムラーン県
(+)-Menthofuran_synthase	(+)-メントフランシンターゼ
2001_World_Aquatics_Championships	2001 年世界水泳選手権
Database	データベース
A_Civil_Action_(film)	シビル・アクション

示す.

◀ コード 6.6　日本語の Wikipedia のページからリンクのある言語の数 (SQL) ▶

```
1   SELECT COUNT(DISTINCT(ll_lang)) FROM langlinks;
```

また，翻訳対の多いページリストを作成する SQL をコード 6.7 に示す.

◀ コード 6.7　翻訳対の多いページリスト (SQL) ▶

```
1   SELECT page_title, count(ll_lang) FROM page INNER JOIN
2   langlinks ON langlinks.ll_from = page.page_id GROUP BY ll_from ORDER
3   by count(ll_lang) desc limit 10;
```

● 6.1.3　リダイレクトを用いた異表記辞書の構築

Wikipedia には**リダイレクト**という機能がある．この機能は，入力したキーワードについてそのページ自体を表示するのではなく，関連する別のページへ転送するという機能である．

リダイレクトには，大きく分けて，次の 2 種類がある.

- 入力された表記の異なる代表表記へ転送

  略称と正式名，英語名称と日本語名称といった同じ内容を指す異なる表記があった場合に，代表的な表記のページを表示する.

- キーワードに関する内容を含むページへ転送

  キーワードに関する内容が 1 つのページとして独立するほどの記述量を持たない場合 (例えば，CD の中の 1 曲) に，関連する内容をまとめたページが作成される．このとき，キーワードを入

力した場合に，ページの一部 (CD のページ，もしくは，CD の中でその曲について触れている部分) へ転送される．

リダイレクトに代表表記への転送が多い場合には，このリダイレクトを使って，異表記辞書を作ることが可能となる．

リダイレクトは，Wikipedia 上のページ ID(page_id) に対応する rd_from と，転送先のページ名 (rd_title) が記述されたテーブルで記述される (コード 6.3)．ただし，このテーブルには，ページ ID(page_id) しか含まれないため，元のページと関係づけるためには，ページに関するテーブル (コード 6.1) と結合する必要がある．

"バラク・オバマ"のページへのリダイレクトを用いて，異表記表現を集める SQL をコード 6.8 に示す．

◀ コード 6.8　「バラク・オバマ」のページへの転送元リスト (SQL) ▶

```
SELECT page_title, rd_title FROM redirect JOIN page ON
redirect.rd_from = page.page_id WHERE rd_title="バラク・オバマ"
```

この結果として，次のようなさまざまな異表記が得られた．英語の表記や，ミドルネームを持つものだけでなく，本名「バリー・ソエトロ」などが含まれている．

「バラック・フセイン・オバマ」，「バラック・フセイン・オバマ・ジュニア」，「バラックオバマ」，「バラクオバマ」，「バラック・オバマ」，「バラク・フセイン・オバマ・ジュニア」，「バラク・フセイン・オバマ」，「バラク・オバマ・フセイン・ジュニア」，「Barack_Obama」，「バラク・オバマ・ジュニア」，「バリー・ソエトロ」，「バラコバマ」，「バラック・オバマ」，「バラク・オバマ・ジュニア」

また，化学物質名として，「(2E,6E)-ファルネシル二リン酸シンターゼ」を対象にリダイレクト元を集める SQL をコード 6.9 に示す．

◀ コード 6.9　「(2E,6E)-ファルネシル二リン酸シンターゼ」のページへの転送元リスト (SQL) ▶

```
SELECT page_title, rd_title FROM redirect JOIN page ON
redirect.rd_from = page.page_id WHERE rd_title="(2E,6E)-ファルネシル二リン酸シンターゼ"
```

この結果として，「ファルネシル二リン酸シンターゼ」，「ゲラニル trans トランスフェラーゼ」，「ゲラニルトランストランスフェラーゼ」，「ゲラニルトランス転移酵素」，「ゲラニル転移酵素」，「ゲラニルトランスフェラーゼ」，「ファルネシルピロリン酸シンターゼ」，「ファルネシルピロリン酸合成酵素」，

「ファルネシル二リン酸合成酵素」,「ゲラニル基転移酵素」,「ゲラニル基トランス転移酵素」,「ゲラニル基 trans 転移酵素」といった化合物の機能的な特徴に注目したような異表記のリストが得られた.

ただし,リダイレクトには,必ずしも異表記だけが含まれるわけではないため,注意が必要である.具体的な例として,「谷川岳」を対象にリダイレクト元を集める SQL をコード 6.10 に示す.

◀ コード 6.10 　「谷川岳」のページへの転送元リスト (SQL) ▶

```
1   SELECT page_title, rd_title FROM redirect JOIN page ON
2   redirect.rd_from = page.page_id WHERE rd_title="谷川岳"
```

この結果,「一ノ倉岳」という結果が得られるが,これは,「谷川岳」の別称ではなく,「谷川岳」のページに存在する,広義の「谷川岳」には,周囲の山である「一ノ倉岳」も含むという記述に対応するものである.

例えば,情報検索などの検索語拡張 (初期の検索語に加えて関連語を追加することで,検索もれや検索精度の向上を目指す手法) などを行う場合に,異表記だけでなく,関連用語も同時に集めたいという場合には,これを区別しないで使う方法も考えられるが,一般には,この 2 つを分けて利用することが望ましい.

単純に,この 2 つを区別することは難しいが,人名や化合物名には異表記が多く,CD などの音楽の分野や,地理情報には関連用語が多いといった傾向はあるので,そのような情報も考慮に入れながら利用することをお勧めする.

➤ 6.2　その他のソフトウェアと組み合わせた Wikipedia ダンプデータの分析

◑ 6.2.1　Wikipedia の情報を用いた単語の曖昧性解消

6.1 節で述べたように,RDBMS と SQL の組合せだけでも,さまざまな情報を抽出可能であるが,SQL で得られた結果を,必要に応じて他の言語で作成したプログラムなどと組み合わせることで,より実践的な分析が可能となる.

ここでは,**Entity Linking** を目的とした複数の同表記異義語についての曖昧性解消のタスクに,Wikipedia のページ間に存在する pagelinks を利用する方法を紹介する.

Entity Linking とは,文書中に存在する語 (主に,固有名詞や専門用語) について,知識ベース中にあるエントリとの対応関係をつけるタスクであり,Linked Open Data の課題としては,DBpedia のエントリ (Wikipedia 中のページに対応) との関係を付与するタスクが提案されている.

このタスクでは,例えば,「東京都から大宮駅に行った.」,「京都から大宮駅に行った.」といった文章において,前者から,対応する DBpedia のエントリとして,「東京都」,「大宮駅_(埼玉県)」を抽出

し，後者から「京都」と「大宮駅_(京都府)」を抽出し，それぞれの文章に関係として付与することを行う．

　この Entity Linking を行うためには，次の 2 つの手順が存在する．1 つ目の手順は，語の表記をベースとしたリンク付与候補の生成である．この手順では，形態素解析などを用いた単語分割を行うことで，前者の文章中に語順としては存在する「京都」を対応づけるのではなく，「東京都」を候補として選択するといった作業が行われる．

　2 つ目の手順は，同表記異義語についての曖昧性を解消する方法で，2 つの文章における「大宮駅」について，例えば，地理的な近さを考慮して，前者に対し「大宮駅_(埼玉県)」，後者に対し「大宮駅_(京都府)」を対応する Entity として選択するというタスクになる．

　本節では，この同表記異義語についての曖昧性解消のタスクの模擬的な実験データとして，1 つの表記に対して，対応する複数の Wikipedia のページを持つ語を対象として，その曖昧性解消に関する簡単な実験を行う．

　この実験では，Python や Ruby には，mysql を呼び出すライブラリを追加して，処理を行うことを仮定している．本書では，Python3 に mysqlclient[*8] を導入して，プログラムの実行を行う方法を示すが，他の言語を用いても，同様の処理は実装可能である．

　また，この実験では，データベースの活用事例を紹介するとともに，実験結果の評価・分析についても紹介する．

◉ 6.2.2　実験用データの構築

　まず，実験で用いる曖昧性のある語を収集する．Wikipedia では，このような曖昧性解消が必要な単語について，その曖昧性解消の候補を列挙するページを作成している．このようなページには，「ダラス_(曖昧さ回避)」のように，ページの名前の末尾に，「(曖昧さ回避)」という文字列を持つ．また，Wikipedia では，曖昧さがある同表記異義語を区別するために，ページの名前に，「ダラス_(テレビドラマ)」，「ダラス_(原子力潜水艦)」のように，末尾に他の同表記異義語と区別するための言葉が付与される．本実験では，これらの同表記異義語を対象に曖昧性解消を行う実験データを構築する．

　まず，最初に「曖昧さ回避」というキーワードを含むページをコード 6.11 に示す SQL を用いて収集する．

◀ コード 6.11　曖昧さ回避のためのページの収集 (SQL) ▶

```
SELECT page_title FROM page WHERE page_namespace = 0 AND page_title LIKE '%曖昧さ回避%'
```

[*8] https://pypi.org/project/mysqlclient/

　これらのページには，複数の曖昧さ回避の候補が含まれているが，「ダラス・フォートワース国際空港」のように，必ずしも同表記でないものも含まれている．そこで，本実験では，上記で得られた曖昧さ回避のためのページに含まれており，その名前が，曖昧さ回避のための基本となる文字列に対応するページのみを曖昧性解消の候補とした．このような組合せを取り出すプログラムをコード6.12に示す[*9]．

◀ **コード 6.12　曖昧さ回避の含むページから曖昧性解消の候補のページリストを生成** ▶

```python
#!/usr/bin/env python3
#-*- coding: utf-8 -*-
import MySQLdb
import re

db = MySQLdb.connect(host="???", user="???", passwd="???", db="???",charset="utf8",
    use_unicode=True)
c=db.cursor()
c.execute("""SELECT page_title FROM page WHERE page_namespace = 0 AND page_title LIKE '%曖
    昧さ回避%'""")
targets = map((lambda x: x[0].decode("utf8")), c)

for amb in targets:
    candidates = []
    base = re.sub("_\(曖昧さ回避\)$","", amb)
    try:
        c.execute("SELECT page_title FROM page WHERE page_namespace = 0 AND page_title LIKE
            '%s_(%%'" % (base))
        for row in c:
            info = row[0].decode("utf8")
            if info != amb:
                candidates.append(info)
        c.execute("SELECT page_title FROM page WHERE page_namespace = 0 AND page_title = '%
            s'" % (base))
        for row in c:
            info = row[0].decode("utf8")
            if info != amb:
                candidates.append(info)
        if len(candidates) > 1:
            print("%s\t%s" % (base, candidates))
    except MySQLdb._exceptions.ProgrammingError:
```

[*9] コード 6.12 の 6 行目にある???については，利用する MySQL のデータベースの設定に応じて，適切に設定する必要がある．

```
print("SQL error")
```

　この結果，さまざまな曖昧性解消の候補が得られる．例えば，「ダラス」については，「ダラス_(テレビドラマ)」，「ダラス_(原子力潜水艦)」，「ダラス_(小惑星)」，「ダラス」の 4 つの候補が存在する．

　次に，実験で用いる正解データを上記で求めた曖昧性解消の候補へのリンクを用いて作成する．具体的には，上記の曖昧性解消の候補となるページにリンクを持っているページについて，そのリンクの情報を隠し，曖昧性解消の候補の中のどのページにリンクさせるのが適切かを判定させることを，その目標とする．

　例えば，上記の「ダラス」を例にとると，「テキサス州」(ダラスの街がある州) には，「ダラス」へのリンクがあり，「ラリー・ハグマン」(テレビドラマ「ダラス」の主役の俳優) には，「ダラス_(テレビドラマ)」へのリンクが存在する．このようなページを網羅的に集め，どのページへリンクするのが適切かを判定することが，曖昧性解消のタスクとなる．

　このような曖昧性解消のタスクでは，文中での単語の意味役割を前後の単語列から判定する手法が多く用いられるが，ここでは，簡単化のために，そのページに存在する他の Wikipedia のページへのリンクについての情報を用いて，曖昧性解消を行う．

　具体的には，リンク元のページと曖昧性解消の対象となるページにおいて共通するページリンクの情報を用いる．そのため，あるページ (「ダラス」) に存在する他のページへのリンクのリストは，コード 6.13 に示す SQL で獲得できる．

◀ コード 6.13　「ダラス」のページに存在する他のページへのリンク先を収集 (SQL) ▶

```
SELECT pl_title FROM pagelinks LEFT JOIN page ON pagelinks.pl_from =
page.page_id WHERE page_title = 'ダラス' AND pl_namespace=0 AND
pl_from_namespace = 0
```

　さらに，2 つのページに関するリンク先のリストを結合するコード 6.14 に示す SQL により，複数のページに共通するリンクを収集することができる．

◀ コード 6.14　「ダラス」のページと「テキサス州」に共通して存在する他のページへのリンク先を収集 (SQL) ▶

```
SELECT pagelinks2.pl_title AS pl_title FROM pagelinks pagelinks2 JOIN
page page2 JOIN pagelinks JOIN page WHERE ((pagelinks2.pl_from =
page2.page_id) AND (page.page_id = pagelinks.pl_from) and
(pagelinks.pl_from_namespace = 0) AND (pagelinks.pl_namespace = 0) and
```

```
5   (page.page_title = 'ダラス') AND (pagelinks.pl_title = pagelinks2.pl_title)
6   and (page2.page_title = 'テキサス州'));
```

ただ，スクリプト言語を用いる場合に，今回のような複雑な SQL を作るのではなく，それぞれの
ページについてのリンク先を収集した結果をスクリプト言語の手続きの中で，比較する方法も実行可
能である．

本実験では，これらの共通するページリンクを用いて曖昧性を解消する方法として，次の 3 つの類
似度を表す指標を用いて，リンク元のページと，最も類似度が高いと判断された曖昧性解消の対象と
なるページを，リンク先のページとしてふさわしいと判定することとした．

1. **共通リンク数**：最もシンプルな方法で，共通リンク数が多ければ多いほど類似度が高いと考え
   る手法となる．

2. **共通リンク数 × リンクカウントの逆数**：文書の類似性判定のタスクなどにおいて，分類に役
   立つのは一般的に用いられる語ではなく，特定の文書で用いられる語であるという考え方があ
   り，その単語が用いられている文書数の逆数 (Inverse Document Frequency：**IDF**) を用いて，
   単語の重みを判定する方法がある．ここでは，同様の考え方を用いて，多くの文書からリンク
   されている一般的なリンクより，少数の文書のみからリンクされているリンクのほうが重要と
   考えたリンクカウントの逆数を考慮に入れる．ここで，リンクカウントは，リンク数などに比
   べ，非常に数が多いことから，文書の IDF のモデルでも用いられる対数尺度を用い，かつ，正
   の値になるように，総ページ数を考慮した log (総ページ数/リンクカウント) を用いた．

3. **余弦 (コサイン) 類似度**：上記の 2 つの方法では，リンク数を多く持つ候補のほうが，スコアが大
   きくなるため，リンク数を考慮した正規化を行う．余弦 (コサイン) 類似度では，すべてのペー
   ジに関するリンクの次元数の高次元ベクトル空間を考え，それぞれのページを対応するリンク
   がある次元には 1 を，それ以外の次元には 0 を入れたベクトルで表現する．このとき，ベクト
   ルの内積をとると，共通リンク数と同じ値となるが，内積の値をそれぞれのベクトルの長さで
   割ると，ベクトルのなす角の余弦の値となる．方向が一致していると類似度は 1 となり，共通
   する要素がない場合は類似度が 0 となる．

6.2.3 実験結果とその分析

先に提案した 3 つの類似度に関する指標を用いた分類実験を行い，その結果を分析することで，そ
れぞれの指標の特徴について考える．特に，どのようなときにうまく動かないかを分析することは，
失敗分析 (Failure Analysis) と呼ばれ，指標の特徴を理解するときや，新たな指標の提案に結びつく
ものと考えられている．

まず，最初に，先ほどの例に挙げたダラスを例にとり実験を行った結果を示す．対象としたデータ
は，「ダラス_(テレビドラマ)」，「ダラス_(原子力潜水艦)」，「ダラス_(小惑星)」，「ダラス」の 4 つのペー

ジへリンクを持つページ (それぞれ最大 100 ページ) である.

　また，各ページのリンク先の推定方法としては，候補である 4 つのページを上記の指標を用いて，類似性を評価し，最上位のものをリンク先とするアルゴリズムを実装した．ただし，同点になった場合には，リンク先を出力しないこととした．

　このときのそれぞれの指標を用いた分類結果を表 6.2, 6.3, 6.4 に示す (各 1 行目の TV, 原潜, 小惑星, 地名はそれぞれ，「ダラス_(テレビドラマ)」，「ダラス_(原子力潜水艦)」，「ダラス_(小惑星)」，「ダラス」に対応，太字は，精度・再現率における最大値).

　ここで，**精度**とは推定結果がどれくらい正しいかを示す指標で，**再現率**とはどれくらいもれなく探せているかを示す指標であり，以下の計算式で求められる.

$$精度 = \frac{正しく推定されたリンク先の件数}{推定した件数} \tag{6.1}$$

$$再現率 = \frac{正しく推定されたリンク先の件数}{全体のリンク先の件数} \tag{6.2}$$

　例えば，表 6.2 の「ダラス_(テレビドラマ)」を例にとると，「ダラス_(テレビドラマ)」を推定した

表 6.2　共通リンク数を利用したリンク先推定結果

推定リンク先 / 正解リンク先	ページ数	TV	原潜	小惑星	地名	同点	精度	再現率
ダラス_(テレビドラマ)	100	69	2	0	15	14	0.79	0.69
ダラス_(原子力潜水艦)	78	2	74	0	0	2	**0.95**	0.95
ダラス_(小惑星)	4	0	1	2	0	1	**1.0**	0.5
ダラス	100	16	1	0	76	7	0.84	0.76

表 6.3　共通リンク数 × リンクカウントの逆数を利用したリンク先推定結果

推定リンク先 / 正解リンク先	ページ数	TV	原潜	小惑星	地名	同点	精度	再現率
ダラス_(テレビドラマ)	100	69	2	0	27	2	**0.87**	0.69
ダラス_(原子力潜水艦)	78	1	77	0	0	0	0.89	**0.99**
ダラス_(小惑星)	4	0	1	3	0	0	**1.0**	**0.75**
ダラス	100	9	7	0	83	1	0.75	**0.83**

表 6.4　余弦類似度を利用したリンク先推定結果

推定リンク先 / 正解リンク先	ページ数	TV	原潜	小惑星	地名	同点	精度	再現率
ダラス_(テレビドラマ)	100	88	2	0	10	0	0.72	**0.88**
ダラス_(原子力潜水艦)	78	2	76	0	0	0	0.90	0.97
ダラス_(小惑星)	4	0	1	3	0	0	0.60	**0.75**
ダラス	100	33	5	2	60	0	**0.86**	0.60

件数は 87(69+2+16) 件であり，そのうち 69 件が正しく推定されているので，精度は 69/87 = 0.79 となり，再現率は，全体のページ数が 100 件あるので，69/100 = 0.69 となる．

　全体として，精度や再現率がおおむね 0.8 以上あり，単純な方法ではあるが，それなりの分類結果となっている．特に，「ダラス_(原子力潜水艦)」については，関連するトピックがかなり違うことから，どの手法においても精度・再現率ともに非常に高く分類されている．

　次に，手法の特徴について議論する．まず，リンクカウントの逆数が役に立っているかどうかを議論するために，表 6.2 と 6.3 を比較する．基本的にほぼ同じ結果になっているが，一番大きな差は，共通リンク数のみを使っている場合には，「同点」の数が多いが，リンクカウントの逆数を使うことで，同点となる確率が大きく下がり，なんらかの分類に割り当てられていることが多い点にある．これは，「共通リンク数」だけでは，同点として判断ができなかったリンク先を共有しているそれぞれのリンクの重要度を考えることで適切に判断できた場合が多かった結果である．ただ，このように，リンク数が同じような状況では，リンクの重要度をうまく判断できない場合に誤った分類をする場合がある．その結果として多くの場合，精度が少し下がっている．

　さらに，余弦類似度と他の手法を比較すると，余弦類似度では，多くの「ダラス」が全体的に減り，「ダラス_(テレビドラマ)」が増えている．結果として，「ダラス_(テレビドラマ)」の再現率と「ダラス」の精度が向上している．

　これは，余弦類似度のリンク数に関する正規化の影響である．具体的に，「ダラス_(テレビドラマ)」，「ダラス_(原子力潜水艦)」，「ダラス_(小惑星)」，「ダラス」について他のページへのリンク数を数えると，それぞれ 94, 114, 24, 258 個であった．そのため，「ダラス」については，他のページに比較して，2 倍以上の共通するリンクを持たないと選ばれないことになる．一方で，地名としての「ダラス」を参照する場合には，必ずしも，「ダラス」のすべての側面とリンクを共有している必要はない (例えば，ダラスのスポーツに関するページは，スポーツに関する共有リンクが存在することが重要で，ダラス全体と似る必要はない) ことから，「ダラス」に関する再現率が下がった原因だと思われる．一方で，リンク数が多いために，結果として，共通リンク数が多くなることで誤って判定した事例 (特に，「ダラス_(テレビドラマ)」に顕著) が減ることで，精度が上がっていると考えられる．

　今回，提案した 3 つの手法について考えると，「共通リンク数」と「共通リンク数 × リンクカウントの逆数」については，リンクカウントの逆数を用いて，主に同点となるようなケースが振り分けられているといった差があるものの，それほど大きな差は存在しなかった．一方で，余弦類似度における，長さの正規化は，ページ全体との類似度を考えるような場合には，うまく類似度を推定できるが，ページの一部のみに共通する話題が存在するような場合に，その類似度を低く推定してしまうといった問題があることが想定される．

　また，このような性質の異なる結果を集約することで，よりよい分析を得ようとする方法もある．機械学習の分野では，このような手法をアンサンブル法 (学習) と呼び，平均より性能のよい分類システム (機械学習では，弱学習器とも呼ぶ) を複数組み合わせて結果を集約することで，個別の分類システムよりもよい性能を持つ分類システムを構築する手法が提案されている．単純なアンサンブル法では，多数決をとることが多いが，ここでは，「共通リンク数」と「共通リンク数 × リンクカウントの逆

数」の性質が似ているため，こちらを優先しすぎる傾向がある．そのため，3 つの分類がすべて，同じ答えを出したときのみ，リンク先を推定するというアルゴリズム (ここでは，「アンサンブル法」と呼ぶ) を適用した結果を表 6.5(太字は，個別手法よりも性能がよかった値) に示す．

表 6.5　3 つが同じ答えのときのみ結果を返すリンク先推定結果

正解リンク先	ページ数	TV	原潜	小惑星	地名	同点	精度	再現率
ダラス_(テレビドラマ)	100	67	2	0	10	0	**0.88**	0.67
ダラス_(原子力潜水艦)	78	1	74	0	0	0	**0.95**	0.95
ダラス_(小惑星)	4	0	1	2	0	0	**1.0**	0.5
ダラス	100	8	1	0	60	0	**0.86**	0.60

　この「アンサンブル法」では，1 つのシステムでも正解を見つけられなかった場合には，答えを見つけられないので，基本となる 3 つのシステムの解の和集合に対する再現率を超えることは，理論上あり得ない．しかし，精度については，元の手法を上回る結果を得ることができている．このような Entity linking のタスクにおいて，Link のつけ忘れ (再現率が低い) よりも，つけ間違い (精度が低い) のほうが悪いと考えられる場合には，こちらの手法を用いることがふさわしいと考えられる．

　また，全体として，先のコード 6.12 に示したプログラムで収集した 5,901 件の同義語に対応する 20,508 件 (1 件あたり，平均 3.48 件の曖昧性解消候補) の曖昧性解消の実験を行った．各曖昧性解消候補について，最大 100 ページのリンク元ページを収集したので，全体として，836,102 件のページ (1 候補あたり 40.8 ページ) にあるリンク先の曖昧性解消の実験となった．このデータに対して，曖昧性解消の実験を行った結果を表 6.6 に示す (太字は，各評価値における最大値)．ここで，マクロ平均とは，上記の「ダラス」や「ダラス_(小惑星)」などの各対象ごとに，計算した精度・再現率の平均であり，マイクロ (ミクロ) 平均とは，全体を 1 つの推測結果と考えたときの精度・再現率である．マクロ平均では，対象となるページ数が少ない項目でも，重要であると考えた分析結果となるのに対し，マイクロ平均では，対応するページ数が大きいところでの性能が，ページ数が少ないときの性能よりも重視されるといった性質がある．

表 6.6　5,901 件の曖昧性解消の対象となる単語を用いた各指標の評価

類似性判定	マクロ平均		マイクロ平均	
	精度	再現率	精度	再現率
共通リンク数	0.70	0.64	0.86	0.78
共通リンク数 × リンクカウントの逆数	0.69	0.67	0.84	**0.80**
余弦類似度	0.67	**0.68**	0.80	0.78
アンサンブル法	**0.71**	0.61	**0.89**	0.74

　表 6.6 から分かるように，平均すると，3 つの手法がだいたい同じような評価となる．また，マク

ロ平均の値がマイクロ平均に比べて，非常に悪くなっている．これは，「ダラス_(小惑星)」の事例のように，マイナーなページは，リンク数が少なく，判定が難しい．マイクロ平均を計算する場合には，このようなマイナーな話題は，参照回数も少ないため，全体への影響は限定的になるが，マクロ平均を計算する場合には，他のリンク数が多いページと同じだけの重要度が設定されることとなる．

ただ，余弦類似度は，先に挙げたダラスの事例のように，共通リンク数を主体とする方法よりも，マイナーなページについての性能がよく，結果として，マクロ平均では，「余弦類似度」が，最も再現率が高い結果となっている．一方で，共通リンク数を主体とする2つの指標では，おおむね，同じ性能になっているが，「ダラス」のときと同様に，同点に関する判定が行われている分，「共通リンク数 × リンクカウントの逆数」がやや再現率が高いが，精度が落ちるという結果になっている．

さらに，これらの異なる手法の結果をまとめ上げて，厳選した正解を選ぶアンサンブル法が，精度が一番よいことも，同様に確認された．

今回のように，評価用のテストデータが存在する場合に，複数の分析手法を比較するということは，データ分析において基本的な手順である．しかし，評価手法による結果の印象の違い，結果の指標だけを見ると同じように見えるが，その中身には違った傾向が存在するといった事例は多数存在する．

よって，データサイエンスの技術者には，最終的な評価指標にのみ注目して分析を行うのではなく，失敗分析や異なる評価指標などを用いて，さまざまな観点から分析することが望まれる．

参考6.1　評価値の功罪

論文などの研究成果を執筆するとき，新しく提案した手法の有用性を検討するために，なんらかの評価実験を行うことは不可欠である．これらの研究コミュニティでは，論文間の比較を容易にするためのベンチマークデータと呼ばれる比較実験を行うためのテストデータが公開されていることが多い．

近年では，これらのベンチマークデータに対するさまざまな手法の比較実験が評価型ワークショップの形式 (KDD Cup[10] など) やインターネット上のサイト (Kaggle[11] など) で行われている．

これらの比較実験では，比較を容易にするためにある種の評価値を決め，その評価値によるランキングを行っている．このように，評価値を決めることで，参加者には，分かりやすい目標設定が与えられるとともに，評価値が向上した場合には，それを根拠に論文が書きやすくなるといったサイクルが研究を駆動する力となっている．

一方で，近年のデータの大規模化にともない，本書で説明したような詳細な手法の性質の分析が難しくなっている状況が存在している．確かに，例外的と考えられる少数の事例を議論することは，全体性能の向上という論文を書くサイクルの観点からは，あまり重要ではないのかもしれないが，データサイエンスの実践の分野では，そういうデータから新たな気づきが生まれる可能性もある．

データサイエンスの技術者には，自分がどのような目的を持って，そのデータの分析にあたっ

---

[10] https://www.kdd.org/kdd-cup
[11] https://www.kaggle.com

ているのかをよく考え，適切な分析・評価ができるようになることを期待する．

➤ 第6章　練習問題

6.1　最新の Wikipedia ダンプデータを入手し，6.1.2 節，6.1.3 節などで作成した辞書を作成せよ．

6.2　曖昧性分析についても実装を行い，その挙動を確認せよ．また，可能であれば，別の類似度指標を用いた実験を行い，その結果を分析せよ．

おわりに

　本書では，データサイエンスを学ぶ学生・技術者に向け，関係データベースの基本とその利用法について説明するとともに，データの可視化などの関連技法を解説した．また，近年のビッグデータを扱うための NoSQL についても紹介した．さらに，Wikipedia ダンプデータから得られる関係データベースを用いた実践的な分析事例についても紹介した．

　具体的には，これまでに蓄積されているデータを活用するためには，関係データベースに関する理解や基本的な操作の習得が不可欠である．ただし，関係データベースの利用者には，そのデータを分析・活用するという利用者から，RDBMS 自体を管理するような利用者まで，さまざまなレベルが存在する．本書では，主にデータベースを分析・活用するという利用者を想定し，SQL などのデータ操作に関する基本について説明した．一方，本書では，関係データベースを効率的に使うためのインデキシングやキャッシングといった RDBMS 自体を管理するような利用者に向けた説明はしていない．今後，RDBMS 自体を管理するような利用者となった場合には，それらの話題を扱った教科書や参考書などを参照してほしい．

　また，データベースの中身を理解するためには，可視化は不可欠であり，さまざまな可視化システムが提案されている．本書では，ユーザに，自分でさまざまな可視化について検討してもらうことを前提に，RDBMS の結果をファイルでエクセルに渡す方法を解説した．その他の RDBMS と可視化ツールを連携させる方法としては，エクセルと関係データベースを ODBC でつなぐ方法や，既存のデータベースの可視化ソフトウェアの利用も考えられる．

　また，近年のビッグデータの解析に用いられる NoSQL についても紹介し，既存の関係データベースとの違いなどについて簡単な紹介を行った．ただ，本格的に NoSQL のデータベースを使うときには，それぞれのシステムのマニュアルや解説書などを参考にしてほしい．

　最後に，実践的な分析事例について解説した．前半では，複数の関係を表すテーブルを適切に組み合わせることで，特定の目的に役立つ情報を再構成できることを説明した．後半の事例においては，データを分析する手法を紹介することを主目的とするのではなく，そのような手法を評価，検討していくための分析事例を説明した．

　データサイエンスを学んだ学生・技術者には，さまざまな手法によりデータを分析できることが期待されるだけでなく，どのような特徴を持った手法を利用したかを説明することが期待される．特に，データのタイプによって，分析結果 (精度など) が変わるような場合には，そのことを考慮しないと，現実を見誤る可能性がある．本書で紹介した分析事例を通して，最終的な評価指標だけではない，手法の分析についても理解を深めてもらうことを期待する．

問題の解答例

第 1 章練習問題

1.1 関係データベースは，数学を背景とした理論が評価されることにより，さまざまな企業による実用的なシステムが開発された．また，問い合わせ言語について，アメリカだけではなく，全世界的な標準化が行われることにより，さまざまなシステムが競争的に開発されることにより普及が加速することとなった．

1.2 データベースで扱うデータの量が大幅に増加してくると，関係データベースの特徴でもある一貫性を考慮して作成された複数の小さなテーブルをまとめて，大きなテーブルをつくる操作である join や，データを更新した際の一貫性管理のための計算コストが増加してきた．そのため，これらの計算コストを下げるためのデータベース，例えば，冗長な情報を持つような大きなテーブルを持つことや，データ更新時の一貫性の確保を犠牲にすることで，計算コストを削減するような新しいデータベースが求められるようになってきた．

第 2 章問題

問題 2.1 2 次関数 $f(x) = x^2 + 1$ は各実数に対して，その平方に 1 を加えた関係にある実数を対応させるから，2 つの実数間の関係を表す．任意の実数 $x \in \mathbb{R}$ に対して，座標が $(x, x^2 + 1)$ である点の集合

$$r = \{(x, x^2 + 1) \mid x \in \mathbb{R}\}$$

は関数 f のグラフであり，xy 平面上に放物線 $y = x^2 + 1$ として描かれる．点の集合と見れば，グラフは平面の一部，すなわち，平面の部分集合である．平面は点の座標の集合として直積集合

$$\mathbb{R}^2 = \mathbb{R} \times \mathbb{R} = \{(x, y) \mid x \in \mathbb{R} \text{ かつ } y \in \mathbb{R}\}$$

であるから，関数 f のグラフ r は直積集合 $\mathbb{R} \times \mathbb{R}$ の部分集合である．

$$r \subseteq \mathbb{R} \times \mathbb{R}$$

関係を表す関数 f とそのグラフ r は同一視されるので，関係は直積の部分集合であることが分かる．

問題 2.2 不等式 $x \geq y$ を満たす点の集合

$$r = \{(x, y) \mid (x \geq y) \text{ かつ } (x, y \in \mathbb{R})\}$$

は平面という直積集合 $\mathbb{R}^2$ の部分集合であるから，2 項関係である．

問題 2.3 例えば，選手 a, b について，「a はチーム p に 2 年所属する」「b はチーム q に 10 年所属する」というデータを得たとする．これらを関係モデルによって表現すると

$$r = \{(a, p, 2), (b, q, 10)\}$$

となる．N, T, Y の直積集合は

$$\begin{aligned} N \times T \times Y = \; & \{(x, y, z) \mid x \in N, y \in T, z \in Y\} \\ = \; & \{(a, p, 1), \ldots, (a, p, 40), (a, q, 1), \ldots, (a, q, 40), \\ & (b, p, 1), \ldots, (b, p, 40), (b, q, 1), \ldots, (b, q, 40)\} \end{aligned}$$

で与えられ，タプルの集合 r はこの直積集合の部分集合である．

$$r \subseteq N \times T \times Y$$

よって，r はリレーションであり，N, T, Y における 3 項関係である．

問題 2.4　タプル t_2 について

$$t_2[\text{学生名}] = \text{次郎}$$
$$t_2[X] = t_2[\text{学生名, 研究室名}] = (t_2[\text{学生名}], t_2[\text{研究室名}]) = (\text{次郎, データ解析学})$$
$$t_2[A_R] = t_2[\text{学生名, 研究室名, 学科名}] = (\text{次郎, データ解析学, データ科学}) = t_2$$

また，タプル t_3 について

$$t_3[\text{学生名}] = \text{三郎}$$
$$t_3[X] = t_3[\text{学生名, 研究室名}] = (t_3[\text{学生名}], t_3[\text{研究室名}]) = (\text{三郎, データ解析学})$$
$$t_3[A_R] = t_3[\text{学生名, 研究室名, 学科名}] = (\text{三郎, データ解析学, データ科学}) = t_3$$

問題 2.5　両辺のテーブルの関係スキーマとリレーションが一致することを示せばよい．テーブル T, T' は和両立なので，それらの関係スキーマを $R_T = R_{T'} = R$ とする．このとき，$R_{T \cap T'} = R$ である．一方，$R_{T \setminus T'} = R$ より，$R_{T \setminus (T \setminus T')} = R$ だから，両辺のテーブルの関係スキーマは一致する．また，テーブル T, T' のリレーションをそれぞれ r, r' とするとき，集合演算の性質から

$$r \cap r' = r \setminus (r \setminus r')$$

が成り立つので，リレーションも一致する．

問題 2.6　関係スキーマは $R_{\pi_Y(\text{友人})}(\text{氏名, 在住地})$ である．リレーションは

$$t_1[Y] = (\text{太郎, 滋賀県}),\ t_2[Y] = (\text{次郎, 北海道}),\ t_3[Y] = (\text{三郎, 北海道})$$

の 3 つのタプルからなる集合である．以上をテーブルで表現すると

$\pi_Y(\text{友人})$

氏名	在住地
太郎	滋賀県
次郎	北海道
三郎	北海道

となる．

問題 2.7　選択されたタプル t_2, t_3 について，属性「氏名」の成分を切り出せばよい．

$$t_2[\text{氏名}] = (\text{次郎}),\ t_3[\text{氏名}] = (\text{三郎})$$

問題 2.8　以下の通りである．

$$t_1 t_1'[\text{学生.rank}] = S = S = t_1 t_1'[\text{学科.rank}] \hookrightarrow \text{真}$$
$$t_1 t_2'[\text{学生.rank}] = S \neq A = t_1 t_2'[\text{学科.rank}] \hookrightarrow \text{偽}$$
$$t_1 t_3'[\text{学生.rank}] = S \neq B = t_1 t_3'[\text{学科.rank}] \hookrightarrow \text{偽}$$
$$t_2 t_1'[\text{学生.rank}] = A \neq S = t_2 t_1'[\text{学科.rank}] \hookrightarrow \text{偽}$$
$$t_2 t_2'[\text{学生.rank}] = A = A = t_2 t_2'[\text{学科.rank}] \hookrightarrow \text{真}$$
$$t_2 t_3'[\text{学生.rank}] = A \neq B = t_2 t_3'[\text{学科.rank}] \hookrightarrow \text{偽}$$
$$t_3 t_1'[\text{学生.rank}] = B \neq S = t_3 t_1'[\text{学科.rank}] \hookrightarrow \text{偽}$$
$$t_3 t_2'[\text{学生.rank}] = B \neq A = t_3 t_2'[\text{学科.rank}] \hookrightarrow \text{偽}$$
$$t_3 t_3'[\text{学生.rank}] = B = B = t_3 t_3'[\text{学科.rank}] \hookrightarrow \text{真}$$

第2章練習問題

2.1 関係スキーマは $R_{学生}$(学生名, 研究室名, 学科名) である．リレーションは $r = \{$(太郎, 知識情報学, 知識科学), (次郎, データ解析学, データ科学), (三郎, データ解析学, データ科学)$\}$ である．

2.2 入れ子を含む第1行は「人工知能を履修する学生は，太郎，次郎，三郎であり，それぞれ，データ科学，知識科学，データ科学に所属する」を意味する．これを「人工知能を履修するのは太郎でデータ科学に所属する，次郎は ...，三郎は ...」と書き換えても意味は変わらない．第2行も同様である．

授業名	学生名	学科名
人工知能	太郎	データ科学
人工知能	次郎	知識科学
人工知能	三郎	データ科学
統計学	太郎	データ科学
統計学	三郎	データ科学

2.3 直積を作って，結合条件式を満たすタプルを残せばよい．2つのテーブルは同じ属性名を持つので，ドット記法に留意する．

敵 $\bowtie_F$ 味方

敵.名前	敵.CP	味方.名前	味方.CP
悪魔	100	天使	500
悪魔	100	大天使	2900
悪魔	100	神	10000
鬼	800	大天使	2900
鬼	800	神	10000
大魔王	6000	神	10000

この結果から，CP が強い味方の組合せが求められる．

2.4 問題 2.3 と同様である．

地下鉄 $\bowtie_F$ 私鉄

地下鉄.路線名	地下鉄.ゲージ	私鉄.路線名	私鉄.ゲージ
A 線	狭軌	P 急	狭軌
S 線	標準軌	Q 急	標準軌

この結果から，相互乗り入れできる組み合わせは，A 線と P 急，S 線と Q 急の2つである．

2.5 問題 2.3 と同様である．

国語 $*_F$ 数学

生徒名	国語.素点	数学.素点
次郎	60	90

第3章問題

問題 3.1 解答としては枠内だけでよい．右側の説明は参考として書いた．

```
CREATE TABLE 都道府県          ↪ 「都道府県」というテーブル (関係スキーマ) を作る
(県名        VARCHAR(3) NOT NULL,   ↪ 最大 3 桁の可変長文字列型，空値不可
 県庁所在地  VARCHAR(4) NOT NULL,   ↪ 最大 4 桁の可変長文字列型，空値不可
 PRIMARY KEY (県名));           ↪ 属性「県名」を主キーとして設定
```

なお，属性「県庁所在地」は主キーではないので，空値不可にするかどうかは管理者の判断となる．

第3章練習問題

3.1 検索の一例を示す．

(a) T_1 =「成績」から，各学生の名前と合格した授業名を検索し，T_2 とする．

T_1

学生名	授業名	合否
太郎	統計学	合
太郎	データマイニング	合
太郎	人工知能	否
次郎	統計学	合
次郎	データマイニング	否
次郎	人工知能	合
三郎	統計学	否
三郎	データマイニング	合
三郎	人工知能	合

```
SELECT 学生名, 授業名
FROM T₁
WHERE 合否='合';
```

T_2

学生名	授業名
太郎	統計学
太郎	データマイニング
次郎	統計学
次郎	人工知能
三郎	データマイニング
三郎	人工知能

(b) T_3 =「コース別開講授業」から各コースのコース名と必修授業名を検索して，T_4 とする．

T_3 = コース別開講授業

コース名	授業名	必選
データ解析	統計学	必
データ解析	データマイニング	必
データ解析	人工知能	選
データ可視化	統計学	必
データ可視化	データマイニング	選
データ可視化	人工知能	必

```
SELECT コース名, 授業名
FROM T₃
WHERE 必選='必';
```

T_4

コース名	授業名
データ解析	統計学
データ解析	データマイニング
データ可視化	統計学
データ可視化	人工知能

(c) T_4 に「単位数」を追加するために，T_5 =「授業」と自然結合して，T_6 とする．

T_4

コース名	授業名
データ解析	統計学
データ解析	データマイニング
データ可視化	統計学
データ可視化	人工知能

T_5 = 授業

授業名	単位数
統計学	2
データマイニング	2
人工知能	2

T_6

```
SELECT *
FROM T_4 NATURAL JOIN T_5;
```

コース名	授業名	単位数
データ解析	統計学	2
データ解析	データマイニング	2
データ可視化	統計学	2
データ可視化	人工知能	2

(d) T_2 と T_6 を自然結合して，各学生が合格した各コースの必修科目の単位数を検索し，T_7 とする．さらに，学生名とコース名でグループ化し，単位数の合計を計算し，T_8 とする．

T_2

学生名	授業名
太郎	統計学
太郎	データマイニング
次郎	統計学
次郎	人工知能
三郎	データマイニング
三郎	人工知能

T_6

コース名	授業名	単位数
データ解析	統計学	2
データ解析	データマイニング	2
データ可視化	統計学	2
データ可視化	人工知能	2

T_7

```
SELECT 学生名，コース名，単位数
FROM T_2 NATURAL JOIN T_6;
```

学生名	コース名	単位数
太郎	データ解析	2
太郎	データ可視化	2
太郎	データ解析	2
次郎	データ解析	2
次郎	データ可視化	2
次郎	データ可視化	2
三郎	データ解析	2
三郎	データ可視化	2

T_8

```
SELECT 学生名，コース名，SUM(単位数) AS 合計単位数
FROM T_7
GROUP BY 学生名，コース名;
```

学生名	コース名	合計単位数
太郎	データ解析	4
太郎	データ可視化	2
次郎	データ解析	2
次郎	データ可視化	4
三郎	データ解析	2
三郎	データ可視化	2

(e) T_8 と $T_9 = $「配属基準」を自然結合し，$T_{10}$ とする．さらに，合計単位数が必修科目の最低必要単位数以上である学生名とコース名を選択し，T_{11} とする．これが求める結果である．

T_8

学生名	コース名	合計単位数
太郎	データ解析	4
太郎	データ可視化	2
次郎	データ解析	2
次郎	データ可視化	4
三郎	データ解析	2
三郎	データ可視化	2

T_9

コース名	必修科目の最低必要単位数
データ解析	4
データ可視化	4

SELECT *
FROM T_8 NATURAL JOIN T_9;

T_{10}

学生名	コース名	合計単位数	必修科目の最低必要単位数
太郎	データ解析	4	4
太郎	データ可視化	2	4
次郎	データ解析	2	4
次郎	データ可視化	4	4
三郎	データ解析	2	4
三郎	データ可視化	2	4

SELECT 学生名, コース名
FROM T_{10}
WHERE 合計単位数 >= 必修科目の最低必要単位数;

T_{11}

学生名	コース名
太郎	データ解析
次郎	データ可視化

3.2 超キー S はそれに含まれる属性の値を 1 つ決めれば，すべての属性の値が一意的に定まることを意味する．すなわち，すべての属性 A_R に対する関数従属性 $S \rightarrow A_R$ である．候補キー K はそれに含まれる属性をそれ以上削ると，超キーの性質が失われる．これは完全関数従属性 $K \Rightarrow A_R$ の左辺の性質と同じである．

3.3 このテーブルの関係スキーマには関数従属性として
  (a) 都市名 → 都道府県名
  (b) 都道府県名 → 地方名
  (c) 都市名 → 地方名
の 3 つがある．このうち，(c) は (a) と (b) から導かれる推移従属性である．そこで，(a) と (b) それぞれに含まれる属性列 (都市名, 都道府県名)，(都道府県名, 地方名) に射影すれば，第 3 正規形のテーブルが 2 つ得られる．

100 万都市′

都市名	都道府県名
横浜	神奈川
川崎	神奈川
大阪	大阪

都道府県

都道府県名	地方名
神奈川	関東
大阪	近畿

この分解が無損失分解であることを確かめるために，まず，直積を作る．

100 万都市′ × 都道府県

都市名	100 万都市′.都道府県名	都道府県.都道府県名	地方名
横浜	神奈川	神奈川	関東
横浜	神奈川	大阪	近畿
川崎	神奈川	神奈川	関東
川崎	神奈川	大阪	近畿
大阪	大阪	神奈川	関東
大阪	大阪	大阪	近畿

次に，選択条件式 $F = (100$ 万都市′.都道府県名 $=$ 都道府県.都道府県名$)$ で選択する．

100 万都市′ $\bowtie_F$ 都道府県

都市名	100 万都市′.都道府県名	都道府県.都道府県名	地方名
横浜	神奈川	神奈川	関東
川崎	神奈川	神奈川	関東
大阪	大阪	大阪	近畿

最後に，属性列 (都市名, 100 万都市'.都道府県名, 地方名) に射影する.

100 万都市' $*_F$ 都道府県

都市名	100 万都市'.都道府県名	地方名
横浜	神奈川	関東
川崎	神奈川	関東
大阪	大阪	近畿

以上から，100 万都市 = 100 万都市' $*_F$ 都道府県 が確認された.

第 4 章練習問題

4.1　省略

4.2　省略

第 5 章練習問題

5.1　**大規模データに対する処理速度の向上** Key-Value Store データベース, 列指向データベース
特定のタイプのデータを容易に取り扱う ドキュメント指向データベース, RDF データベース, グラフデータベース

5.2　RDBMS を使う場合には，正規形を考えたテーブルの分解を行うことが前提であるため，バスケットデータが複数のテーブルに分かれて，解析をするたびに，join による新しいテーブルの作成を行う必要がある. 列指向データベースを使う場合には，このようなテーブル自体をデータとして持つことができるため，RDBMS よりも高速に動作することが期待できる. 一方で，バスケット分析を行う際に，商品についてのさらなる属性 (例えば，定価や販売価格, 品種など) を加えて分析をしたいといったことを考える場合には，列指向データベース単独では，かなり冗長なテーブルを作成する必要があり，現実的ではない. これに対し，RDBMS では，必要に応じてテーブルを組み合わせることで，効率よく分析が可能である.

5.3　省略

5.4　省略

第 6 章練習問題

6.1　省略

6.2　省略

参 考 文 献

Brewer, E. A.(2000), Towards robust distributed systems(abstract), In *Proceedings of the Nineteenth Annual ACM Symposium on Principles of Distributed Computing*, 7.

Chaudhuri, S. and Dayal, U.(1997), An overview of data warehousing and OLAP technology, *ACM Sigmod Record*, 26(1), 65–74.

Codd, E. F.(1970), A relational model of data for large shared data banks, *Communications of the ACM*, 13(6), 377–387.

Davoudian, A., Chen, L., and Liu, M.(2018), A survey on NoSQL stores, *ACM Computing Surveys*, 51(2), 1–43.

植村俊亮 (2018), 入門 データベース, オーム社.

北川博之 (2014), データベースシステム, オーム社.

増永良文 (2017), リレーショナルデータベース入門 [第 3 版], サイエンス社.

松下雅和 (2010), NoSQL の世界, 情報処理, 51(10), 1327–1331.

索 引

著者紹介

吉岡真治（よしおかまさはる） 博士（工学）
　1996 年　東京大学大学院工学系研究科精密機械工学専攻博士後期課程修了
　現　在　北海道大学大学院情報科学研究院 教授

村井哲也（むらいてつや） 博士（工学）
　1987 年　北海道大学大学院工学研究科情報工学専攻博士後期課程中退
　現　在　公立千歳科学技術大学理工学部 教授

編者紹介

水田正弘（みずたまさひろ） 工学博士
　1986 年　北海道大学大学院工学研究科情報工学専攻博士後期課程修了
　現　在　統計数理研究所 大学統計教員育成センター 特任教授

NDC007　159p　21cm

データサイエンス入門（にゅうもん）シリーズ
データサイエンスのためのデータベース

2020 年 4 月 16 日　第 1 刷発行
2023 年 8 月 22 日　第 3 刷発行

著　者　吉岡真治（よしおかまさはる）・村井哲也（むらいてつや）
編　者　水田正弘（みずたまさひろ）
発行者　髙橋明男
発行所　株式会社　講談社
　　　　〒 112-8001　東京都文京区音羽 2-12-21
　　　　　　販売　(03)5395-4415
　　　　　　業務　(03)5395-3615

KODANSHA

編　集　株式会社　講談社サイエンティフィク
　　　　代表　堀越俊一
　　　　〒 162-0825　東京都新宿区神楽坂 2-14　ノービィビル
　　　　　　編集　(03)3235-3701

本文データ制作　藤原印刷株式会社
印刷・製本　株式会社ＫＰＳプロダクツ